E-Book inside

Mit dem Kauf dieses Buchs erhalten Sie das zugehörige E-Book gratis. Sie können dabei aus zwei Dateiformaten wählen: EPUB (gängiges Format für E-Reader und Tablets) und PDF (für PC und Laptop). So kommen Sie an Ihr kostenloses E-Book:

Rufen Sie im Internet diese Website auf:
↗ http://www.junfermann.de/ebook-inside

Geben Sie den unten stehenden Code in das dafür vorgesehene Feld ein und klicken Sie → Code einlösen. Nach Eingabe Ihrer E-Mail-Adresse und Auswahl des E-Book-Formats erhalten Sie sofort einen Download-Link für das gewünschte E-Book an Ihre E-Mail-Adresse.

Bitte beachten Sie, dass der Code für Sie personalisiert wird und nur einmal gültig ist. Die Datei müssen Sie zunächst auf Ihrem Computer speichern, bevor Sie sie auf ein mobiles Endgerät überspielen können.

AF626538

8EH4FEC8

Lea Sikor & Bärbel Klein

Auf(ge)wachsen mit Gewaltfreier Kommunikation

Ein Mutmachbuch für Eltern

www.junfermann.de

blogweise.junfermann.de

www.facebook.com/junfermann

twitter.com/junfermann

www.youtube.com/user/Junfermann

www.instagram.com/junfermannverlag

LEA SIKOR & BÄRBEL KLEIN

AUF(GE)WACHSEN MIT GEWALTFREIER KOMMUNIKATION

EIN MUTMACHBUCH FÜR ELTERN

Junfermann Verlag
Paderborn
2023

Copyright © Junfermann Verlag, Paderborn 2023

Illustrationen Lea Ahlers / ↗ www.leaahlers.de

Icons CrafteryCo. (Adobe Stock)

Coverfoto © Liza Mishura (Adobe Stock)

Satz Peter Marwitz, Kiel (etherial.de)

Bibliografische Information der Deutschen Nationalbibliothek

Die Deutsche Nationalbibliothek verzeichnet diese Publikation in der Deutschen Nationalbibliografie; detaillierte bibliografische Daten sind im Internet über ↗ http://dnb.d-nb.de abrufbar.

ISBN 978-3-7495-0411-4

Dieses Buch erscheint parallel als E-Book
ISBN: 978-3-7495-0508-1 (EPUB), 978-3-7495-0509-8 (PDF).

Inhalt

Einleitung

Hey du! Wie schön, dass du dich entschlossen hast, dieses Buch zu lesen!

Als Erstes möchten wir beide – Lea und Bärbel – etwas zu dem sagen, was uns bewogen hat, das Buch zu schreiben. Den Anfang macht Lea:

Lea zu diesem Buch

Ich möchte mich kurz vorstellen: Ich bin Lea, zu dem Zeitpunkt, an dem ich diese Einleitung schreibe, 24 Jahre alt und ich bin mit Eltern aufgewachsen, die seit meiner Geburt Gewaltfreie Kommunikation leben und lehren. Ich habe eine vier Jahre jüngere Schwester, Clara. Meine Mutter, Marianne Sikor, ist als Assessorin für den CNVC und als Trainerin tätig. Mein Vater, Markus Fischer, ist ebenfalls Trainer und berät Unternehmen. In Göttingen geboren bin ich ein paar Mal umgezogen, um dann mit zehn Jahren, nachdem meine Eltern sich getrennt hatten, wieder in Göttingen zu landen. Die Trennung meiner Eltern war ein schmerzhafter Einschnitt in meinem Leben. Plötzlich war alles anders. Mein Vater war nicht mehr Teil meines Alltags, ich sah ihn nur noch an Wochenenden. Obwohl meine Mutter selbst mit der Bewältigung der Trennungssituation zu tun hatte, war es ihr immer wichtig, uns Kindern in unserem Schmerz zuzuhören und für uns da zu sein. Das war keine einfache Zeit.

Bis zu meinem Abitur habe ich die Gewaltfreie Kommunikation hauptsächlich als Beruf meiner Eltern wahrgenommen und mich nur wenig damit beschäftigt. Eine Ausnahme waren die Familienfreizeiten mit Schwerpunkt GFK, bei denen ich schon früh mitwirken durfte. Geändert hat sich das erst, als ich, gerade mit der Schule fertig, auf eben einer solchen Freizeit meinen Freund kennenlernte. Dass er ebenfalls an GFK interessiert war, weckte auch meine Neugierde und ich begann, mich damit auseinanderzusetzen. Inzwischen habe ich selbst einen Jahreskurs und diverse Seminare belegt und sehe die Gewaltfreie Kommunikation als einen wichtigen Teil meines Lebens an. Mittlerweile studiere ich Kommunikationspsychologie und kann mir gut vorstellen, eines Tages selbst GFK- Trainerin zu sein.

Worum geht es in diesem Buch?

Es geht um meine Erfahrungen, mein Aufwachsen mit der Gewaltfreien Kommunikation. Ich möchte aus meinem Leben erzählen. Von meiner Kindheit, meiner Jugend und einer Erziehung, die so nicht viele erlebt haben. Ich möchte feiern, was gut gelaufen ist und mich heute noch bereichert. Ich möchte auch darüber sprechen, was aus meiner Sicht besser hätte laufen können. Und ich möchte ein spannendes, anregendes und unterhaltsames Buch schreiben, das ihr, ob ihr nun Kinder, Jugendliche, Erwachsene oder (werdende) Eltern seid, gerne lest. Ich möchte euch zum Denken anregen. Mein Teil dieses Buches wird deswegen hauptsächlich aus meinen persönlichen Erlebnissen bestehen. Dafür greife ich einige Situationen aus meinem Leben auf und erzähle, wie ich mich gefühlt habe, was ich gehört und daraus mitgenommen habe. Es werden vielfältige Erinnerungen aus frühen Jahren und aus meiner Teenagerzeit sein. Ich berichte von schönen und von schwierigen Momenten, denn ich will die Art der Erziehung, die ich genossen habe, weder in den Himmel loben noch will ich nur von den „schlechten“ Dingen erzählen. Es wird eine bunte Mischung sein, die euch mal zum Lachen, zum Mitfühlen und zum Nachdenken einladen soll. Es geht um ein Résumé der Erziehung, die ich erlebt habe.

Das hier sind meine Erinnerungen, meine Erfahrungen. Das hier ist mein Leben. Und das möchte ich mit euch teilen.

Warum ich dieses Buch schreibe

Nach meinem Auszug von zu Hause stellte ich fest, dass das Interesse an meinem Aufwachsen bei anderen GFK-Lernenden sehr groß war. Gerade in Seminaren, in denen ich meist mit Abstand die Jüngste war, waren die anderen Teilnehmenden, oft bereits selbst Eltern oder sogar Großeltern, und sie waren sehr neugierig, von meinem Lebensweg zu erfahren. Nicht selten hörte ich Sätze wie: „Oh wow, das muss ja wirklich toll gewesen sein, so aufzuwachsen" oder auch „Wie schön, dass deine Eltern dir so etwas mitgegeben haben und du jetzt in so jungen Jahren schon hier sitzt".

Ich habe mich meistens über das große Interesse gefreut und auch gerne etwas über mein Leben erzählt. Doch mit der Zeit schlichen sich bei mir zwei Gedanken ein: Erstens war die Zeit meist viel zu kurz, um wirklich viel erzählen zu können. Ein so weitreichender Einblick, wie ich ihn manchen Fragenden gerne gegeben hätte, war meist nicht möglich. Zweitens schienen sie doch einen sehr einseitigen Blick auf „die GFK-Erziehung" zu haben, nach dem Motto: Eine GFK-Erziehung ist gleichbedeutend mit DER perfekten Erziehung. So oder so ähnlich schienen es die meisten zu sehen. Es begann sich also in mir der Gedanke zu bewegen, mehr über mein Aufwachsen zu erzählen. Doch zu diesem Zeitpunkt dachte ich überhaupt noch nicht an ein Buch, sondern mehr daran, wie ich Menschen, denen ich begegnete, besser davon erzählen könnte. Weil ich zu keinem befriedigenden Ergebnis kam, verfolgte ich diese Gedanken erstmal nicht weiter. So weit, so gut. Doch dann, gar nicht so viel später, wurde die Idee geboren, ein Buch zu schreiben.

Mein Freund und ich saßen in unserem Wohnzimmer und unterhielten uns über mein Aufwachsen mit der GFK. Schon öfter hatten wir darüber geredet, dass ich ja anders aufgewachsen bin als er und viele andere Menschen. Oftmals haben wir das gefeiert und uns gefreut über das, was es mir gebracht hat. Doch an diesem Nachmittag war es anders. Uns fiel nämlich zum ersten Mal auf: Es gab auch Punkte, an denen sich die Erziehung, die ich genossen habe, nicht als ganz so hilfreich erwies. Daraus entwickelte sich eine angeregte Unterhaltung über den

Nutzen und die „Risiken“ einer GFK-Erziehung. Sie endete damit, dass mein Freund mich anschaute und sagte: „Du solltest ein Buch darüber schreiben, als eines der ersten GFK-Kinder. Das wäre doch bestimmt spannend zu lesen.“

Eine Idee war geboren. Und sie ließ mich nicht mehr los.

Wenn ich von mir, meinen Erfahrungen und meinem Erleben berichte, geht es mir nicht um ein Richtig oder Falsch. Mir ist wichtig, dass dieses Buch gefüllt ist mit meinem Erleben. Mein Wunsch ist es, damit andere (werdende) Eltern zu neuen Denkanstößen anzuregen und dazu, die Perspektive des Kindes einzunehmen. Ich feiere so viel an meiner Erziehung und der Art, wie ich aufgewachsen bin. Ich habe Wertschätzung und Anerkennung für das, was meine Eltern damit geleistet haben. Für das, was sie mir damit ermöglicht und mitgegeben haben. Und so oft bedauere ich, wie wenig andere Kinder auf dieser Welt diese Möglichkeit bekommen haben.

Ich brenne für dieses Buch, weil es mir ein großes Anliegen ist, mehr Menschen dazu zu ermutigen, GFK in die Erziehung ihrer Kinder einfließen zu lassen. Ich möchte dazu beitragen, dass immer mehr Menschen auf dieser Welt erleben können, was ich erlebt habe: Eine wertschätzende Erziehung, in der meine Bedürfnisse gehört werden und Raum bekommen.

Warum Bärbel dabei ist

Es gab also die Idee und es war klar: Jetzt muss jemand her, der oder die Ahnung hat von den theoretischen Ansätzen der GFK, insbesondere in Bezug auf Kinder. Ich kann viel darüber erzählen, was ich in den verschiedenen Phasen meines Lebens erlebt habe und wie genau das für mich war, doch ich kann kaum etwas über den theoretischen Hintergrund dazu erzählen. Für ein Buch, das dir neue Denkanstöße und Anregungen geben soll, ist das jedoch nicht unerheblich. So fiel meine Wahl auf Bärbel Klein, eine langjährige Freundin meiner Mutter, meine zwischenzeitliche „Wohn-Mama“ und eine gute Seele in meinem Leben. Mit viel Wissen über Kinder, Bindung und Entwicklung sowie GFK und Elternschaft im Gepäck war sie genau die Richtige für dieses Buch. Dir werden also Kapitel von Bärbel begegnen, die das Buch um eine theoretische und auch elterliche Sichtweise bereichern. Auf diese Weise geben wir dir nicht nur Erfahrungen, sondern auch Wissen mit auf deinen Weg.

Bärbels Intention für dieses Buchprojekt

Als Lea mich fragte, ob ich die Bereitschaft habe, mit ihr gemeinsam dieses Buch-Projekt zu wagen, war meine Freude groß. Von Anfang an hat mich ihre Idee begeistert, ihre persönlichen Erfahrungen als Kind von „GFK-Eltern“ als Anregung für andere Eltern mit einem Theorieteil zu kombinieren und zu reflektieren.

Weil ich selbst zutiefst davon überzeugt bin, dass das Lernen und Üben der Gewaltfreien Kommunikation eine hoch wirksame Strategie dafür ist, unser Leben und das Leben mit unseren Kindern reicher, bunter und leichter werden zu lassen, ist dieses Buchprojekt für mich ein willkommenes Experiment. In welcher Weise ist in Leas Leben die GFK sichtbar und wirksam geworden? Und wie kann sie als Kraftquelle und Selbststärkungsinstrument für Eltern erlebbar werden?

Wenn wir Eltern werden, haben wir wenige Vorbilder und Modelle dafür, wie wir die Beziehung zu unseren Kindern so gestalten können, dass wir bei aller Verschiedenheit und allem Konfliktpotenzial in spürbarer Verbindung bleiben. Genau zu diesem Thema hat Lea viel zu berichten. Aus ihrer Perspektive beschreibt sie Stationen ihrer Kindheit und erzählt, was dazu beigetragen hat, dass sie nicht wirklich mitreden konnte, wenn ihre Mitschüler*innen sich frustriert über ihre Eltern beschwerten.

Anhand von Leas Erlebnissen wird deutlich, was es dafür braucht und worauf es ankommt, mit den eigenen Kindern eine Beziehung auf Augenhöhe zu leben. Gemeinsam möchten wir Eltern ermutigen, sich selbst und ihre Kinder mit ihren Gefühlen und Bedürfnissen, ihren Möglichkeiten und Grenzen kennen- und annehmen zu lernen und damit die Basis für ein liebevolles, gleichwertiges und stärkendes Miteinander zu schaffen.

Auch liegt mir am Herzen, typische Missverständnisse über die Gewaltfreie Kommunikation aufzudecken. Leben mit der GFK bedeutet beispielsweise nicht, dass wir keine Konflikte mehr hätten, oder dass Kinder ohne Grenzen und Regeln aufwachsen. Genauso ist es ein Irrtum zu denken, dass Menschen nicht mehr wütend sein dürfen oder sich permanent zurücknehmen müssen. Ganz im Gegenteil lernen wir, eine sehr aktive Rolle einzunehmen.

Gewaltfreie Kommunikation ist keinesfalls ein Zaubermittel für immerwährende Harmonie. Ich möchte aufdecken, in welche Fallen wir stolpern können, etwa wenn wir denken, dass wir mit der GFK perfekte Eltern werden oder, wo wir doch jetzt „richtig kommunizieren“, sich unsere Kinder von nun an besser benehmen.

In einem weiteren Kapitel werde ich auf die Risiken und Nebenwirkungen hinweisen, mit denen zu rechnen ist, wenn unsere Kinder gelernt haben, sich selbstverständlich ehrlich mitzuteilen, anstatt sich aus gelernten Anpassungsmechanismen heraus zu verhalten.

Die einzelnen Ideen in diesem Buch und meine Erläuterungen dazu sind erst einmal nichts Neues. Es ist weder als Erziehungsratgeber gedacht noch vertritt es eine allgemeingültige Wahrheit. Vielmehr liegt mir am Herzen, meinen Erfahrungsschatz zur Verfügung zu stellen, den ich auf meinem Weg mit der Gewaltfreien Kommunikation und anderen Einflüssen gesammelt habe. Ich erzähle von Erkenntnissen und Zusammenhängen, die ich für das Leben mit Kindern als wichtig und als wertvolles Geschenk betrachte. Dabei schließe ich überhaupt nicht aus, dass Leas Eltern manchen Aspekt ganz anders interpretieren und beschreiben würden.

Herzlich möchte ich dazu einladen, über die Inhalte in einen Austausch zu gehen, sich gegenseitig zu inspirieren und voneinander zu lernen. Vielleicht ist das Buch eine Anregung dafür, mit den eigenen Eltern oder

Kindern ins Gespräch zu kommen, und wenn es das ist, würde mich das sehr freuen.

Lea und ich möchten mit dem Buch aufzeigen, wofür es sich lohnt, die Gewaltfreie Kommunikation zu lernen und den Grundstein zu legen, unsere Welt für uns und unsere Kinder noch ein wenig schöner zu machen.

Bärbel stellt sich vor

Als Älteste von vier Geschwistern bin ich 1960 geboren und auf einem Bauernhof aufgewachsen. Meine Kindheit war geprägt davon, sehr früh Verantwortung zu übernehmen. So war es für mich selbstverständlich, auf meine jüngeren Geschwister aufzupassen und bei der Arbeit auf dem Hof mitzuhelfen.

Die Momente, in denen meine Mutter uns Kindern vorlas oder mein Vater mit mir Mühle spielte, waren sehr selten und etwas ganz Besonderes.

An meine Zeit im Kindergarten erinnere ich tragischerweise ausnahmslos angstvolle und beschämende Momente, wenn beispielsweise alle Kinder ihre Fingernägel zeigen mussten, meine nicht sauber genug waren und das vor allen Kindern als schlechtes Beispiel hingestellt wurde. Oder wenn die Tomate aus meiner Kindergartentasche noch nicht gegessen war und ich sie vor allen Kindern aufessen musste. Heute weiß ich, dass meine Sprachlosigkeit, die im Kindergarten begann und sich bis über das Abitur hinaus durch meine gesamte Schulzeit zog, einen Namen hat: Ich war selektiv mutistisch[1].

---

1 Selektiver Mutismus zeigt sich darin, dass ein Kind in spezifischen Situationen wie beispielsweise Kindergarten und Schule nicht spricht, sich hingegen zuhause mit vertrauten Personen ganz normal verhält. Es handelt sich um die Form einer Angststörung, die vorwiegend bei Kindern auftritt (Diagnoseschlüssel: ICD10, F 94.0).

Als Jugendliche träumte ich davon, Pädagogik oder Psychologie zu studieren. Schon damals hat mich fasziniert, Kinder in ihrer Entwicklung zu beobachten und mit ihnen Zeit zu verbringen. Ich war neugierig, was die Ursachen dafür sind, dass Menschen sich so unterschiedlich verhalten. Allerdings erschien mir ein Studium viel zu groß, sodass es Umwege brauchte: Neben meinem Hauptberuf als Krankenschwester arbeitete ich in einem Familienzentrum, wo ich werdende Eltern begleitete. Dort besuchten Leas Eltern meinen Geburtsvorbereitungskurs und erzählten begeistert von der GFK.

Seit 2010 bin ich CNVC-zertifizierte Trainerin für Gewaltfreie Kommunikation und arbeite schwerpunktmäßig zu den Themen „Aus-, Fort- und Weiterbildung", „GFK in der KiTa" und „GFK in Familie und Paarbeziehung".

Wofür stehen „Blatt" und „Spirale" in diesem Buch?

In diesem Buch gibt es Lea- und Bärbel-Abschnitte, und manchmal wechseln die Autorinnenstimmen innerhalb eines Kapitels. Damit das für dich als Leser*in besser nachvollziehbar ist, werden diese Wechsel mit Icons gekennzeichnet.

Lea hat sich ein Blatt ausgesucht:

Bärbel hat sich für die Spirale entschieden:

1. Was bei mir anders war: Aufwachsen mit Eltern, die cool bleiben

Wenn mich jemand fragt, ob ich während meines Aufwachsens große Schwierigkeiten mit meinen Eltern hatte, ob ich viel rebelliert habe oder ob ich oft mit ihnen aneinandergeraten bin, dann lautet meine Antwort immer: Nein. Nichts davon. Weder hatte ich oft Probleme mit ihnen, noch musste ich rebellieren, noch hatten wir viel Streit. Ich bin in einem wertschätzenden, verbindenden Umfeld aufgewachsen, mit der festen Überzeugung meiner Eltern, dass auch meine Sichtweise es Wert ist, gehört zu werden. Oftmals höre ich Menschen in meinem Alter oder älter von ihrer Jugend reden. Davon, wie schwer sie es hatten und davon, wie oft sie den Eindruck hatten, nicht verstanden zu werden. Und jedes Mal denke ich an meine Jugend zurück und merke: Hey, so etwas gab es bei mir ja kaum. Zumindest nur so selten, dass es heute, einige Jahre später, kaum noch nennenswert ist. Lange Zeit war mir gar nicht so bewusst, warum das eigentlich so war. Ich habe halt coole Eltern, habe ich immer gedacht und oft genau das von meinen Freundinnen gehört. Damit war die Sache klar. Coole Eltern halt.

Ja, aber was heißt denn eigentlich cool? Entspannt? Heute kann ich sagen, dass ein wesentlicher Teil dieses „Cool-Seins" die Haltung der GFK war, die meine Eltern seit der ersten Sekunde meines Lebens versucht haben zu leben.

Wenn ich heute Eltern mit ihren Kindern sehe, oder wenn ich von Freundinnen über ihre Beziehung zu ihren Eltern höre, dann wünsche ich mir, dass mehr Menschen erleben dürfen, was ich erlebt habe. Dass mehr Menschen auf die Frage: „Hattest du eine gute Verbindung zu deinen Eltern?" ganz selbstverständlich mit „Ja!" antworten.

Als ich begann, an diesem Buch zu arbeiten, fragte ich mich u.a.: Wann ist mir eigentlich aufgefallen, dass bei uns manche Dinge anders liefen als in anderen Familien? Was genau machte meine Eltern zu den Menschen, von denen ich heute sage, dass sie „cool" waren? Je länger ich darüber nachdachte, desto mehr Momente fielen mir ein, angefangen damit, wie selten ich tatsächlichen Streit mit den beiden hatte. Ich kann an einer Hand abzählen, wie oft ich wirklich, und vor allen Dingen auch längerfristig, wütend war. Viel öfter habe ich jedoch bei Meinungsverschiedenheiten erlebt, dass meine Eltern mit mir auf Augenhöhe sprachen und dass meine Meinung ebenso ernst genommen wurde wie ihre.

Meine Eltern und ich – auf Augenhöhe

Auf Augenhöhe. Das ist eine Beschreibung, die gut auf die Beziehung zu meinen Eltern passt. Wenn ich daran denke, habe ich eine Situation mit meiner Mutter im Kopf, die ich hier gerne mit euch teilen möchte:

Ich bin ungefähr 16 Jahre alt, mitten in der Pubertät also, und wir sitzen, wie jeden Abend, am Esstisch. Eigentlich haben wir die Regel, dass während des Abendessens keine Handys am Tisch sind. Meistens halte ich mich auch daran. Doch heute Abend vibriert mein Handy ständig und irgendwann siegt die Neugierde. Ich nehme es also in die Hand und esse weiter, während ich die neuen Nachrichten lese.

Nach kurzer Zeit räuspert sich meine Mutter. „Lea, wir haben doch die Regel, dass die Handys nicht am Tisch sind. Ich möchte, dass wir sie einhalten, denn ich wünsche mir ein schönes Miteinander und Verbindung zu dir. Kannst du es wieder weglegen?" Ich kann mir ein genervtes Aufstöhnen nicht verkneifen, lege es dann aber doch zur Seite.

Einige Tage später: Dieselbe Situation, wir sitzen alle am Esstisch. Doch dieses Mal liegt das Handy meiner Mutter neben mir und gibt Geräusche von sich. Mama ist abgelenkt, schaut darauf und tippt etwas. Ich merke, dass mich das nervt. Das ist unfair. „Letztens habe ich mein Handy weggelegt, als dich das gestört hat. Jetzt möchte ich, dass du deins auch weglegst!", verkünde ich prompt. Mama schaut auf und nickt. „Du hast recht. Ich verstehe, dass dich das nervt. Danke, dass du mich daran erinnerst.“

Insgesamt funktionierte diese Regelung bei uns am Esstisch sehr gut. Ich glaube das lag auch daran, dass wir uns alle gegenseitig daran erinnerten, sie ernst zu nehmen. Nicht nur meine Schwester und ich mussten uns an die Handy-Regel halten, weil sie meiner Mutter wichtig war. Auch meine Mutter war empfänglich für unsere Rückmeldung und unsere Wünsche nahm sie genauso wichtig wie die eigenen.

Mit dieser Erinnerung möchte ich verdeutlichen, dass meine Eltern und ich uns auf Augenhöhe begegnet sind, und das war – so habe ich es erlebt – auch meinen Eltern sehr wichtig. Ich hatte in meiner Kindheit und Jugend nicht den Eindruck, meine Gefühle könnten falsch oder meine Bedürfnisse weniger wichtig sein als die meiner Eltern. Woran mache ich das fest? Ich durfte meine Meinung sagen und sie schafften es, sich erst einmal anzuhören, was ich zu sagen hatte, bevor sie etwas dazu sagten. Ich wurde also oft mit meiner Meinung abgeholt und nicht damit, gar nicht gehört zu werden. Ich wurde auch nicht mit der Erwartung konfrontiert, dieselbe Meinung haben zu müssen wie meine Eltern.

Ich denke nicht, dass dieses Bemühen meiner Eltern negative Auswirkungen auf mich hatte. Manchmal beobachte ich mich allerdings dabei, dass ich einen hohen Anspruch an meinen Selbstausdruck habe. Den Anspruch, mein Innenleben immer schön sortiert und am besten noch in Gefühle und Bedürfnisse aufgeschlüsselt auszusprechen. Das liegt vielleicht daran, dass ich mitbekommen habe, wie meine Eltern sich ausdrückten, oder dass sie mich ermunterten, mich ebenfalls so auszudrücken. Wurde diese wohlwollende Haltung zu meinen Bedürfnissen und Meinungen jedoch nicht an den Tag gelegt, konnte es schwierig für mich werden. Und das war außerhalb der Familie – quasi überall. So musste ich in der Schule immer wieder die Erfahrung machen: Die Meinung meiner Lehrer*innen zählt eben doch mehr als meine eigene. Einmal hörte ich von meiner Lehrerin diesen Satz: „Lea, du solltest wirklich nicht so viel diskutieren. Das ist nicht gut für dich.“

Insgesamt kann ich sagen, dass die Haltung meiner Eltern maßgeblich zu dem Vertrauen beigetragen hat, das ich noch heute in sie habe. Dass meine Meinung von Bedeutung ist, konnte ich mit Erwachsenen außerhalb meiner Familie z.B. noch in GFK-Familienfreizeiten erleben. Mir als eher schüchternem Kind haben die Erfahrungen, für mich einzustehen und gehört zu werden, definitiv dabei geholfen, meine Schüchternheit mehr und mehr abzulegen.

Aber, wie schon angedeutet, bin ich während meines Aufwachsens immer wieder darüber gestolpert, dass meine Meinung in manchen anderen Zusammenhängen so gar nicht gefragt war. Und diese Ambivalenz zwischen meinem Zuhause und z.B. der Schule hat mich verunsichert. Wieso war es in der Schule egal, wie ich etwas sehe, und warum war zu Hause eine Meinungsäußerung von mir explizit gewünscht? Das war mir nicht verständlich.

Auch von meinen Freunden hörte ich oft, wie cool meine Mutter sei, etwa wenn es um das Thema Party und abgemachte Zeiten ging. Es fielen Sätze wie: „Krass, deine Mutter ist so entspannt. Ich wünschte, das wäre meine auch. Aber meine Mutter stresst immer so rum." Hier kommt eine andere Komponente meiner coolen Eltern zum Tragen: Gelassenheit. Später werde ich darauf zurückkommen, wie die Haltung meiner Mutter und ihr Bewusstsein, welche Gefühle und Bedürfnisse sie hat und dass es viele Strategien für die Erfüllung eines Bedürfnisses gibt, maßgeblich dazu beigetragen haben, dass ich entspannt und frei meine Jugend genießen konnte. Ich konnte Dinge ausprobieren, lange wegbleiben, feiern und vieles mehr ohne die mahnende Stimme meiner Mutter im Hintergrund. Ihre Bewusstheit für sich selbst und die Fähigkeit, unabhängig von mir für sich zu sorgen, verhalf ihr zu einer Gelassenheit mir gegenüber, die mir wiederum Freiheit ermöglichte.

Das Thema Gelassenheit führt zu einem weiteren entscheidenden Punkt, der das Verhältnis zwischen mir und meinen Eltern charakterisiert. Von Freundinnen hörte ich nicht nur, ihre Eltern würden immer so „rumstressen", sondern oft auch Folgendes: „Und dann will sie auch noch, dass ich mich dauernd melde, und nirgends darf ich auch einfach mal hinfahren, ohne ihr Bescheid zu geben. Sie vertraut mir einfach null!" Vertrauen. Vermutlich ist kaum etwas anderes so wichtig für eine Eltern-Kind-Beziehung. Und damit meine ich nicht nur, dass die Kinder ihren Eltern vertrauen, sondern auch, dass ein Kind bemerkt, dass seine Eltern ihm vertrauen. Meine Eltern haben mir vertraut, da bin ich mir sehr sicher.

Ein Zeichen von Vertrauen

Wenn ich auf meine Kindheit und Jugend zurückblicke, finde ich viele Beweise dafür, dass meine Eltern mir vertraut haben. Zum Beispiel, dass ich bereits in jungen Jahren allein mit dem Fahrrad zur Schule fahren durfte oder dass ich innerhalb unseres Ortes schon im Grundschulalter mit meinen Freundinnen ganz ohne Erwachsene durch die Gegend ziehen durfte. Ich erinnere mich noch lebendig an ein Gespräch mit meinen Freundinnen zu diesem Thema. Sie machten mit ihren Eltern ganz andere Erfahrungen. Wir waren damals ungefähr 15 Jahre alt:

Wir sitzen vor unserer Schule auf dem Schulhof und essen unsere Pausenbrote. Es ist Sommer, die Sonne scheint uns warm ins Gesicht. Nur noch zwei Stunden, dann haben wir es geschafft: Endlich Sommerferien! Wir unterhalten uns darüber, was wir in den kommenden Tagen vorhaben. Ganz nebenbei lasse ich den Satz fallen: „Ihr könnt auch zu mir kommen, wenn ihr wollt. Ich bin die ganze Woche allein zu Hause." Meine Freundinnen schauen mich ungläubig an. „Deine Mutter lässt dich eine ganze Woche allein zu Hause?", fragt eine von ihnen und sieht dabei aus, als könne sie mein Glück kaum fassen. Ich zucke nur die Schultern. „Ja, klar. Wieso nicht? Sie ist sogar länger weg, aber dann sind unsere Mitbewohnerinnen wieder da." Besagte Freundin schüttelt nur den Kopf. „Dass deine Mutter sowas macht. Meine Eltern würden mir dafür niemals genug vertrauen. Die können ja kaum glauben, dass ich es allein mit dem Bus nach Hause schaffe." Eine andere nickt bekräftigend und lacht: „Wenn ich länger als einen Tag ohne meine Eltern zu Hause wäre, hätten sie vermutlich die ganze Zeit Panik, dass ich das Haus in Schutt und Asche lege." Sie hält einen Moment inne und denkt nach. „Wenn ich so drüber nachdenke: Vermutlich wäre das auch so."

Durch die Seminartätigkeit meiner Eltern war ich schon früh an längere Zeiten der Trennung von ihnen gewöhnt. Als wir noch in Süddeutschland lebten, waren meine Schwester und ich dann oft bei den Großeltern, was später, als wir weggezogen waren, natürlich nicht mehr ging. Wir lebten dann in einer WG und waren deshalb sehr selten ganz allein, aber hin und wieder kam es doch vor. Für mich war es ganz selbstverständlich, dass ich mich in dieser Zeit um meine Schwester kümmerte und dafür sorgte, dass alles aufgeräumt war. Je älter ich wurde, desto öfter war ich mal für ein paar Tage ganz allein, und an eine Woche ganz allein in unserem Haus kann ich mich gut erinnern. Ich habe diese Zeit unglaublich genossen. So selbstständig zu leben machte mir Spaß und ich erlebte viel Wirksamkeit. Ich war auch ein bisschen stolz, dass meine Mutter mir so vertraute und mir war es ganz wichtig, dieses Vertrauen nicht zu enttäuschen. Verantwortungsbewusst räumte ich jeden Tag die Küche auf und saugte sogar am Tag, bevor meine Mutter wiederkam. Immer mit dem Gedanken im Hinterkopf: Dann sieht sie, dass sie recht hatte, mir zu vertrauen!

Anders als meine Freundin hatte ich gar keinen Drang in mir, zu rebellieren oder etwas kaputt zu machen. Wieso denn auch? Das wäre für mich ja nur nach hinten losgegangen. Dann hätte meine Mutter mich vermutlich so schnell nicht mehr allein zu Hause gelassen.

Meine Eltern hatten immer Interesse an meinem Leben

Oft fragen meine Mutter und mein Vater, wie es mir geht. Gleichzeitig hatten sie aber auch so viel Verständnis für mich, dass sie, wenn ich nach einem achtstündigen Schultag keine Lust mehr hatte, mit ihnen zu reden, nicht beleidigt waren. Ich hatte viele Unterhaltungen mit meiner Mutter am Esstisch beim Abendessen, die genau wie folgt aussahen:

MAMA: „Und, Lea, wie war dein Tag heute? Wie war die Schule?“
Lea: „Gut.“

MAMA: „Hm, was hast du so gemacht, gelernt?“
LEA: „Viel.“
MAMA: „Aha. Okay, also ich habe ja heute …“ (Es folgte nun eine Erzählung über den Tag meiner Mutter.)

Damit war mein Redeanteil an dem Gespräch beendet und es war okay. Meine Mutter respektierte meinen Wunsch nach Ruhe und fing einfach an, über sich zu reden, anstatt weiter bei mir nachzufragen. Bei mir kam dadurch an: Es ist okay, dass du gerade keine Lust hast zu reden. Ich habe trotzdem Lust auf Kontakt zu dir und du brauchst dafür gar nichts machen, außer da zu sein.

Mir fällt noch eine Sache ein, die wichtig war, um meine Eltern als cool zu bezeichnen: Sie waren mir (fast) nie peinlich. Und das ist insofern wichtig, weil es zu einer gewissen Zeit meiner Jugend essenziell wichtig war, dazuzugehören, „normal“ zu sein und nicht aufzufallen – nicht unbedingt das, was meine Eltern darstellten: Öko, GFK, Achtsamkeit, WG-Leben. Oh, die Liste mit Dingen, die sie hätten sagen oder tun können, um mich zu blamieren, war damals wirklich lang. Nicht ohne Grund habe ich jahrelang auf die Frage, was meine Eltern eigentlich beruflich machen, nur geantwortet: „Ach, so was mit Kommunikation.“ Trotz alledem waren meine Eltern mir nie peinlich, was meiner Meinung nach vor allem daran lag, dass sie verstanden hatten, in welcher Lage ich mich befand.

Für mein Aufwachsen mit GFK war das ein bedeutsamer Aspekt: Meine Eltern konnten sich in meine Lage einfühlen, konnten verstehen, wie meine Welt gerade aussah und deshalb Rücksicht nehmen auf mich. Aber waren nicht alle Eltern irgendwann mal 15 und sind sie nicht alle einmal zur Schule gegangen? Man sollte deshalb meinen, sie müssten wissen, was in ihren Kindern vorgeht. Den Eindruck hatte ich jedoch nicht, wenn ich die Eltern meiner Freundinnen beobachtete. Sie schienen so gar keine Ahnung zu haben, was in den Köpfen ihrer Töchter passierte. Ich wunderte mich nur, dass Mütter von ihren Töchtern angepflaumt wurden, wie peinlich sie doch seien. – „Ist doch ganz einfach“, dachte ich mir dann. „Überleg dir nur mal, wie sie sich mit dem fühlt, was du gerade getan hast.“

Wie ich auf den Gedanken kam? Genau das lebte mir meine Mutter jeden Tag vor. Durch Einfühlen entstand Verständnis. Für meine Lage. Für das, was mir wichtig war und dafür, wie meine Welt gerade aussah.

2. Eltern werden

Wenn wir selbst Eltern werden, wollen wir für unser Kind die besten Eltern sein. Je nachdem, wie wir unsere Kindheit erlebt haben, wollen wir es vielleicht ganz anders machen als unsere eigenen Eltern, mit der Absicht, unsere Kinder liebevoll in ein selbstbestimmtes Leben zu begleiten. Grundsätze wie „partnerschaftlicher Umgang“, „Augenhöhe“, „demokratisches Grundverständnis“ usw. sind theoretische Modelle, die Orientierung geben.

Wir wollen unseren Kindern Erfahrungen ersparen, die wir selbst als schmerzhaft erlebt haben.

Wie war es bei dir zu Beginn deiner Elternschaft? Hast du nicht vielleicht auch gedacht oder zumindest gehofft, dass du und dein Partner / deine Partnerin die Macht und die Fähigkeit habt, bessere Eltern zu sein? Und dass es so schwierig schon nicht werden wird?

Du hattest sicherlich innere Bilder, in denen du dir ein Familienleben mit Kindern ausgemalt hast. Nimm dir gerne einen Moment Zeit, dich daran zu erinnern, wie dein Bild war, als du Mutter/Vater wurdest:

- Wie hast du dir euer Eltern-Sein vorgestellt?
- Welche Werte waren damit verbunden?
- Was sollte in keinem Fall passieren?
- Wie hast du dich in deiner Rolle als Mutter/Vater gesehen?

Ich vermute, dass du deine Kinder nicht zu etwas zwingen und vermeiden wolltest, dass sie etwas aus Angst vor Bestrafung, Schuld, Scham und Verpflichtung tun? Dass du in deinem Selbstbild in jedem Fall (am liebsten immer) liebevoll, geduldig, klar und unterstützend im Kontakt mit deinen Kindern und deiner Partnerin /deinem Partner sein wolltest?

Und vielleicht bist du plötzlich eingeholt worden von einem realen Alltag mit Kind(ern), der sich als super anstrengend entpuppte und dich mit deinen Grenzen konfrontierte. Plötzlich waren da Schlafmangel, Frust und Überforderung, was zu Verhaltensweisen führte, die du nie zeigen wolltest und die du im Grunde deines Herzens ablehnst. Vielleicht bemerkst du sogar, dass du dich im Affekt genauso verhältst, wie du das bei deinen Eltern erlebt hast – genau so, wie du selbst nie sein wolltest. Du schreist und schimpfst oder ziehst dich zurück, gibst nach aus Hilflosigkeit oder erzwingst ein bestimmtes Verhalten, indem du mit fragwürdigen Mitteln sanktionierst. Es ist wie verhext, aber trotz allen kognitiven Wissens und Wollens passiert dir das in Stresssituationen immer wieder, obwohl es nicht das ist, was du dir eigentlich von Herzen wünschst. Für diese Verhaltensweisen verurteilst du dich selbst, und die Stressspirale ist in vollem Gang.

Wie verändert die GFK den Blick auf uns und unsere Kinder?

Für das eigene Eltern-Sein ist es aus meiner Sicht wichtig, die biografischen Wurzeln zu reflektieren, die uns geprägt haben. Sie haben unmittelbar Einfluss auf unser Verhalten und unsere Haltung uns selbst und unseren Kindern gegenüber. Auch sind sie maßgeblich daran beteiligt, wenn die Liebe, die wir für unsere Kinder empfinden, nicht ankommt.

Die GFK erscheint zunächst als ein Kommunikationsmodell, das wir kognitiv lernen und umsetzen können, damit der Alltag mit unseren Kindern leichter wird. Sie will jedoch aus dem Herzen gelebt werden. Wenn wir uns der Gewaltfreien Kommunikation annähern, merken wir sehr schnell, dass wir an Grenzen kommen, weil die bisher erlernten und verinnerlichten Strukturen und Bilder machtvoll sind. Deshalb führt der Prozess des Lernens und Integrierens unweigerlich in die Auseinandersetzung mit unserer Biografie und deckt innere Überzeugungen, Glaubenssätze, unbewusste Haltungen und Handlungsmuster auf, die uns im Alltag leiten.

Selbst wenn wir in einem Umfeld mit wenig autoritären Strukturen aufgewachsen sind: Jede Familie ist eingebettet in eine Gesellschaft, und spätestens Kindergarten, Schule und Ausbildung erforderten unsere unfreiwillige Anpassung mit mehr oder weniger gewaltvollen Mitteln.

Um unseren Kindern liebende Eltern sein zu können, braucht es die Bereitschaft, uns auseinanderzusetzen: Wo komme ich selbst her? Was habe ich als Kind erlebt? Was davon gebe ich vielleicht schon an meine Kinder weiter, ohne es wirklich zu wollen?

Wenn du magst, stell dir gerne folgende Fragen:

- Welches Verhalten deiner Eltern war unterstützend und hilfreich für deine Entwicklung?
- Welches Verhalten deiner Eltern hat dir nicht gutgetan? Was hättest du anders gebraucht?
- Wann wurdest du zu etwas gezwungen, das du nicht wolltest? An welche konkreten Situationen erinnerst du dich?
- Wie hat sich das damals angefühlt?
- Was denkst du heute darüber?

Unsere Haltungen und inneren Bilder sind ein wichtiger Teil von uns und es gibt gute Gründe, dass sie so sind wie sie sind. Der erste wichtige Schritt liegt darin, uns selbst mit unseren Licht- und Schattenseiten kennenzulernen und uns in Selbstliebe und Selbstachtung zu üben. Auf diese Weise ebnen wir den Weg dahin, unseren Kindern liebevoll und mit Achtung zu begegnen und die liebenden Eltern zu sein, die wir sein können.

Warum die Gewaltfreie Kommunikation für das Leben mit Kindern so hilfreich ist

> *„Es ist schwerer dafür zu sorgen, dass unsere Kinder sich bedingungslos geliebt fühlen, als sie zu lieben."* (A. Kohn 2018, S. 138)

Wenn ich mit jungen Menschen im Kontakt bin, deren Eltern die Gewaltfreie Kommunikation gelernt und sie im Umgang mit den

Kindern geübt und umgesetzt haben, höre ich immer wieder Aussagen wie diese von Lea:

„Irgendwie waren meine Eltern richtig cool und so. Es war selbstverständlich, dass wir über alles reden konnten, und es gab viel weniger Stress als in anderen Familien. Meine Freunde fanden meine Eltern auch cool und waren oft erstaunt darüber, was ich alles durfte. Meine Eltern hatten einfach viel mehr Vertrauen. Aber was Gewaltfreie Kommunikation ist, weiß ich eigentlich gar nicht. Ich habe es ja nicht gelernt wie in der Schule, sondern ich bin einfach so damit aufgewachsen …"

Ich vermute, dass die meisten Eltern sich danach sehnen, eines Tages ähnliche Rückmeldungen von ihren Kindern zu hören. Was ist der Schlüssel dafür, dass das gelingt?

Das Lernen der Gewaltfreien Kommunikation wirkt sich auf verschiedenen Ebenen unseres Lebens aus. Wie schon beschrieben hilft sie uns, Verhaltensmuster aufzudecken, die uns und unseren Kindern nicht nur nicht guttun, sondern sogar Stress verstärken und Konflikte verschlimmern. In der Folge der Generationen gehen wir oft unbedacht davon aus, dass bestimmte Verhaltensweisen „normal" sind und so sein müssten und dass bestimmte Verhaltensweisen von Kindern „normal" sind und konkrete Reaktionen seitens der Eltern notwendig machen. Und wir denken, dass wir es doch schon viel besser machen als unsere Eltern.

Gewaltfreie Kommunikation lehrt uns einerseits, uns unserer Verhaltensmuster bewusst zu werden und Feingefühl für uns selbst und unser Gegenüber zu entwickeln. Sie stellt die Qualität der Beziehungsgestaltung zwischen Menschen in den Mittelpunkt und bietet dafür ein ganz konkret umsetzbares Konzept, das weit über Tipps und Tricks hinausgeht. Es geht niemals darum, Verhalten zu manipulieren, sondern Beziehung zu gestalten, in voller Ehrlichkeit und in vollem Mitgefühl für uns selbst und für unser Kind.

Viele Menschen, die die Gewaltfreie Kommunikation in ihr Leben integrieren, erleben das als Paradigmenwechsel, durch den sie sich und die Welt anders wahrnehmen und ihr Menschenbild sich möglicherweise grundlegend verändert.

Wenn wir die GFK lernen und zunehmend verinnerlichen, werden wir anders auf uns selbst und auf unsere Kinder schauen; anders, als wir das vielleicht in unserer eigenen Kindheit erlebt haben. Wir hören auf, uns ein Bild davon zu machen, wie unser Kind sein sollte. Wir hören auf, uns darauf zu fokussieren, was ein Kind zu einem bestimmten Zeitpunkt tun oder können sollte, und mit welchen Maßnahmen wir ein Kind dazu bringen, sich so zu verhalten, wie wir oder andere es gerne hätten. Stattdessen fangen wir an, unsere Aufmerksamkeit darauf zu lenken, was wir als Eltern fühlen und brauchen und was unser Kind fühlt und braucht.

Durch das Integrieren der GFK in unser Leben wachsen wir zunehmend in eine gewaltfreie Haltung und lernen, konkret im Alltag das umzusetzen, was aus Forschungsergebnissen der Neurobiologie, Entwicklungspsychologie, Bindungs- und Lerntheorie usw. schon seit vielen Jahrzehnten bekannt ist. Für mich ist Gewaltfreie Kommunikation das wirksamste Instrument, das diese Erkenntnisse konkret im Alltag umsetzt und somit unterstützt, dass Beziehungen zwischen Erwachsenen und Kindern in vollem Respekt füreinander auf Augenhöhe stattfinden. Unser Leben wird bereichert und die Beziehung zu uns selbst und unseren Kindern auf verschiedenste Weise leichter und lebendiger.

Leider ist der Weg sehr lang, bis wissenschaftliche Forschungsergebnisse tatsächlich im Alltag von Familien, Kitas und Schulen gelebt werden. In meiner Fortbildungstätigkeit im Bereich Kita und Schule begegne ich noch immer Menschen, die aus tiefster Überzeugung heraus eine Pädagogik vertreten, die es gutheißt, sich Kindern gegenüber autoritär und im Sinne einer strafenden Macht zu verhalten.

Kindheit im Wandel

Warum sind Autoritärsein und die Anwendung strafender Macht noch so verbreitet, obwohl es doch schon so lange Ansätze gibt, in denen ganz ähnliche Grundannahmen über das menschliche Sein beschrieben werden wie in der Gewaltfreien Kommunikation? Schon zu Beginn des 20. Jahrhunderts wurden reformpädagogische Ansätze etabliert, in denen anstelle autoritärer Erziehungsmethoden eine feinfühlige Beziehungsgestaltung im Mittelpunkt des Miteinanders von Erwachsenen und Kindern stand. So beschrieb in den 1930er-Jahren die ungarische Kinderärztin Emmi Pikler (1902–1984) entgegen der damals allgemein gültigen Strömung, wie wichtig es für eine reife Persönlichkeitsentwicklung eines Kindes ist, dass die erwachsenen Bezugspersonen in vollem Respekt für die Eigeninitiative des Kindes handeln. Jedes Kind entwickelt sich von selbst ohne aktives Einschreiten von außen, wenn es eine Umgebung vorfindet, in der es eigeninitiativ forschen und spielen kann. Schon Emmi Pikler formulierte, dass im Vordergrund immer eine einfühlsame und aufmerksame Beziehungsgestaltung seitens der erwachsenen Bezugspersonen steht.

Noch einige Jahre früher entwickelte die italienische Reformpädagogin Maria Montessori (1870–1952) ihr Konzept. Es basiert auf der Grundannahme, dass jedes Kind mit Neugier ausgestattet auf die Welt kommt und diese mit allen Sinnen ganz und von sich aus erfahren möchte. Ihr Ansatz war das Lernen in Freiheit und Respekt für die Individualität eines jeden Kindes. 1933 wurde die Lehre Maria Montessoris in Deutschland verboten, weil ihre von eigenverantwortlichem, freien und sozialen Denken geprägte Lehre nicht in den Nationalsozialismus passte. Ihre Bücher wurden öffentlich verbrannt und ihre Einrichtungen geschlossen.

Stattdessen eroberte Johanna Haarer (1900–1988) mit ihrer 1934 erstmals veröffentlichten Publikation *Die deutsche Mutter und ihr erstes Kind* eine begeisterte Anhängerschaft. Das Buch wurde jedem Paar zur Hochzeit in die Hand gegeben und damit zum Standardwerk für junge Mütter. Ganz grundlegend wurde darin eine harte Erziehung propagiert, angefangen schon beim Säugling: „Wenn das Kind schreit und selbst der Schnuller das Schreien nicht sofort stoppt: Dann, liebe Mutter, werde hart! Fange nur ja nicht an, das Kind aus dem Bett herauszunehmen, es zu tragen, zu wiegen, zu fahren oder es auf dem Schoß zu halten, es gar zu stillen“ (Haarer 1934, S. 158, zit. n. Berger 2015).[2] Außerdem warnte

2 Die Aussagen von Johanna Haarer sind auf der Website ↗ www.kindergartenpaedagogik.de zu finden. Unter der Rubrik „Frauen in der Geschichte des Kindergartens“

sie vor einem Zuviel an zärtlichen mütterlichen Gefühlen, da „solche Affenliebe“ das Kind wohl „verziehen“, aber nicht „erziehen“ würde und forderte „keine Nachgiebigkeit“ dem Säugling gegenüber. Sich mit dem Kind zu beschäftigen war verpönt, Ausnahmen waren „triftige Gründe“ wie beispielsweise Krankheit.

Johanna Haarer war Medizinerin ohne Ausbildung in Pädiatrie oder Pädagogik. Nach dem Zusammenbruch der Nazi-Diktatur wurde ihr Buch unter dem Titel *Die Mutter und ihr erstes Kind* „in gesäuberter Fassung“ erneut aufgelegt und fand sich in fast jedem Haushalt in der Bundesrepublik (Gesamtauflage über 1,2 Mio. Exemplare). Noch in den 1970er-Jahren diente es als Lehrbuch in Berufsfachschulen für Hauswirtschaft. Die letzte Auflage erschien 1987.

Die 1930er- und 1940er-Jahre haben – auch wenn wir sie selbst nicht erlebt haben – uns alle mehr oder weniger stark geprägt. Unbewusst tragen wir Bilder in uns, wie Kinder (und Eltern) sich verhalten sollten. Markant dabei ist, wie sehr der Fokus auf dem Verhalten des Kindes liegt, und wie wenig es von Interesse ist, wer das Kind ist, was es gerade fühlt oder gar was es braucht. Für die Qualität der Beziehung zwischen Kind und Bezugsperson ist nicht der Erwachsene verantwortlich, sondern das Kind, indem es sich angepasst verhält.

Das kulturell geprägte „Bild vom Kind“ und seine Auswirkung auf Entwicklung und Beziehung

> „Kinder brauchen drei Dinge: Sie brauchen Gemeinschaft, in der sie sich aufgehoben fühlen, Aufgaben, an denen sie wachsen können und Vorbilder, an denen sie sich orientieren können.“ (Gerald Hüther)

In jedem Menschen sind die Bedürfnisse einerseits nach Zugehörigkeit und Verbundenheit und andererseits nach eigener Entwicklung, Frei-

finden sich zahlreiche Beiträge von Manfred Berger, u.a. eine Biografie von Haarer: ↗ www.kindergartenpaedagogik.de/fachartikel/geschichte-der-kinderbetreuung/weitere-historische-beitraege/johanna-haarer-19001988/

heit und Unabhängigkeit angelegt. Darin liegt keineswegs ein Widerspruch, sondern beide Seiten bedingen einander. Verbundenheit ohne Freiheit mündet in Abhängigkeit. Freiheit ohne Verbundenheit erzeugt Einsamkeit.

Je nach Generation und familiärem Hintergrund haben Menschen ihre Bedürfnisse nach Verbundenheit und Zugehörigkeit sowie Selbstbestimmung und Autonomieentwicklung in ihrer eigenen Kindheit jedoch ganz unterschiedlich beantwortet und erfüllt bekommen. Dementsprechend haben sie Bilder verinnerlicht, wie ein Kind „sein sollte" und wie sie als Eltern „sein sollten". Maßgeblich dafür ist, welches Bild vom Kind in Familie, Schule und kulturellem Hintergrund als Orientierung diente.

Das Vermächtnis der NS-Zeit

Ich selbst gehöre zur Generation der „Kriegsenkel", meine Eltern sind in der Zeit des Nationalsozialismus geboren und ihre Kindheit war von einer Erziehung im Sinne Johanna Haarers geprägt. „Im Dienste der Volksgemeinschaft" standen Disziplin, Unterordnung und Pflichterfüllung an vorderster Stelle. Oberstes Gebot war, „ein gutes Kind zu sein". Ein gutes Kind ist ein braves Kind, das immer alles „richtig" macht. Macht es etwas falsch und wird ertappt, macht es sich schuldig und setzt damit die Berechtigung aufs Spiel, weiter zur Gemeinschaft zu gehören. Um diese Zugehörigkeit nicht zu gefährden (oder sie wiederherzustellen), wurde vonseiten der Erziehungsberechtigten Bestrafung bis hin zu körperlicher Züchtigung als notwendig angesehen. Ja, es galt sogar als Liebesdienst, ein Kind zu schlagen, um ihm damit „den rechten Weg zu weisen". In der Schule und in den meisten Familien war Bestrafung „normaler" Bestandteil des Alltags.

„Das Kind als ‚triebgesteuerter Teufel': ... Das Kind ... wird von Trieben ... beherrscht, ... und nur durch den strengen, kontrollierenden und strafenden Erwachsenen verliert das Kind seine wilden und rohen Eigenschaften und wird zum moralisch gefestigten Erwachsenen. Dem allmächtigen

Kind steht ein (oft hilfloser) aggressiver Erwachsener gegenüber" (Winner 2009, S. 20).

Dieses Bild vom Kind ist durchaus noch immer aktuell und fand sich beispielsweise in den Jahren 2004 bis 2011 in der Sendung *Die Super Nanny* wieder. Die Ratschläge, die Eltern dort vermittelt wurden, zielten durchweg darauf ab, Gehorsam gewaltsam durchzusetzen. Weder kindliche Entwicklungsbedürfnisse wurden berücksichtigt, noch wurde nach guten Gründen für das Verhalten gesucht. Dem Fernsehpublikum wurde als Lösung für „bockige, unkooperative Kinder" die „stille Treppe" empfohlen: Das Kind wurde für einen unbestimmten Zeitraum in einen Nebenraum verbannt, in dem es lernen sollte, sich allein zu beruhigen und über sein Verhalten nachzudenken.[3]

Markant für eine Erziehung aus dieser Haltung heraus ist auch, dass nur bestimmte Gefühlsäußerungen erwünscht sind, nämlich die, die für die Erwachsenen angenehm sind. Ein gängiges Vorgehen, kindlichen Gefühlsausbrüchen zu begegnen, ist, die Gefühle zu negieren oder abzuwerten: *„Jetzt stell dich nicht so an!"*, *„Da gibt es jetzt gar keinen Grund, sich aufzuregen!"* oder das Kind abzulenken.

Wütend zu sein ist bestimmten Erwachsenen in bestimmten Positionen vorbehalten, Trauer oder Angst zu zeigen ist gleichbedeutend mit Schwäche, und sogar mit dem Ausdruck von Freude sind Kinder schnell zu viel und zu laut. Kinder sollten Gehorsam lernen und den Vorstellungen der Erwachsenen entsprechen. Unausweichlich sind sie dazu gezwungen, ihre eigenen Gefühle und Bedürfnisse unterdrücken zu lernen, bis sie sie schließlich gar nicht mehr wahrnehmen.

Ein typisches Phänomen zeigt sich darin, dass schon kleinsten Kindern unterstellt wird, dass sie die Erwachsenen „bewusst ärgern", wenn sie z.B. im Alter von etwa acht Monaten wiederholt Gegenstände fallen lassen und sich daran freuen, wenn diese auf die Erde plumpsen. Wenn Kinder sich nicht beruhigen lassen, wird dieses Verhalten so interpretiert, dass sie das in voller Absicht tun, um die Erwachsenen

---

3 Siehe dazu: ↗ de.wikipedia.org/wiki/Die_Super_Nanny sowie ↗ www.erzieherin.de/warum-der-time-out-eine-bedenkliche-methode-ist.html

zu manipulieren. Kinder seien selbstsüchtig, fordernd, gierig und rücksichtslos und nutzen die Bezugsperson aus. Eine solche Haltung hat zur Folge, dass schon kleinste Kinder für ihr ganz normales Spielverhalten bestraft werden.

Derlei Annahmen erlebe ich tatsächlich heute noch bei manchen jungen Eltern, die kein anderes Modell zur Verfügung haben als das der bestrafenden Macht. Sie kommen gar nicht auf die Idee, dass jedes kindliche Verhalten wichtige und gute Gründe hat und es ein Ausdruck sowohl von Entwicklungsbedürfnissen als auch von Beziehungsangeboten ist. Sie sind vielmehr der Überzeugung, dass ihr Kind Bestrafung braucht, um sich zu einem „guten Menschen" zu entwickeln. Tatsächlich wurde ich Zeugin, als junge Mütter sich darüber unterhielten, wie sie am besten ihre Kinder bestrafen könnten, wenn sie Dinge tun, „die sich nicht gehören". Ihre Kinder waren alle unter einem Jahr alt.

Die Art und Weise, wie wir das Verhalten von Kindern interpretieren und wie wir diese Bilder von Generation zu Generation weitergeben, hat einen unmittelbaren Einfluss auf unsere Haltung Kindern gegenüber. Insbesondere in Stresssituationen folgen daraus Verhaltensmuster, die dem Kind die Botschaft transportieren: „Mit dir stimmt etwas nicht. Unsere Liebe musst du dir durch Anpassung verdienen." Die Folge ist, dass Kinder verlernen, aus sich selbst heraus das Vertrauen in ihre Zugehörigkeit und in ihre Fähigkeiten zu entwickeln. Sicherheit und Orientierung finden sie stattdessen in dem, was im Außen verlangt wird, und sie sichern sich ihre Zugehörigkeit, indem sie sich anpassen. Drei Hauptmotivationen werden maßgeblich für ihr Handeln:

1. belohnt werden,
2. einer Bestrafung entgehen,
3. aus moralischen Gründen etwas tun, weil man es „tun sollte".

Sie entwickeln die Überzeugung, dass sie nur dann liebenswert sind, wenn sie sich so verhalten, wie die Erwachsenen es wollen.

„Macht-über" vs. „Macht-mit"

Auch in der Gewaltfreien Kommunikation ist der Umgang mit Macht ein Thema. Wir unterscheiden zwischen zwei Prinzipien: „Macht-mit" und „Macht-über". In einer vom „Macht-über-Prinzip" geprägten Erziehung werden Bestrafungen oder Belohnungen eingesetzt, um ein gewünschtes Verhalten bei Kindern zu erreichen. Auch Lob und Belohnungen bedeuten: Erwachsene urteilen darüber, was das Kind gut gemacht hat, um es zu einem angepassten Verhalten zu motivieren.

Bestrafungen und auch Belohnungen haben ihren Preis: Kinder verlernen und vergessen, freiwillig aus eigener Motivation heraus zu kooperieren. Stattdessen bewirkt das Macht-über-Prinzip das Verinnerlichen von Überzeugungen wie: „Ich muss allein klarkommen", „Ich bin es nicht wert, gesehen zu werden", „Ich bin nur liebenswert, wenn ich funktioniere", „Ich muss zeigen, dass ich stark bin und mich nicht unterkriegen lasse", „Ich muss dafür kämpfen, dass ich vorankomme", und viele andere mehr. Das Konzept „Wer hat Schuld?" verhindert die Entwicklung von Selbstreflexion und Schamkompetenz, weil der Fokus darauf liegt, was im Außen „richtig und falsch" ist. Die klassischerweise daraus folgenden Reaktionen wie „Ich war das nicht" oder „Ja, aber du hast ja auch was *Schlimmes* gemacht" führen nicht in die Kooperation, sondern in den Kampf: „Wer hat hier recht?" Kinder fühlen sich dann oft einsam oder sie haben Angst. Sie verlernen, sich zu spüren und mit ihren Bedürfnissen verbunden zu sein. Unbefangen auf Menschen zugehen, um Hilfe bitten oder sich mit dem eigenen Bedauern zeigen? – Besser nicht. Die Aufmerksamkeit liegt in erster Linie darauf, „richtig" zu sein und nicht so sehr darauf, das Wohlwollen aller im Blick zu haben. In Beziehungen dominiert Distanziertheit vor echter Verbundenheit und Vertrauen.

Marshall Rosenberg sagt: *„Bestrafungen sind ein Teil der Wurzel aller Gewalt auf unserem Planeten. Es gibt andere Wege, unsere sozialen Regeln und Bestimmungen aufrechtzuerhalten, die keinerlei Bestrafung beinhalten. Wir werden erkennen, dass Bestrafung niemals wirklich funktioniert …"* (Rosenberg 2005b, S. 20).

Ein weiteres, sehr verbreitetes Konzept ist die Vorstellung, das Kind komme „leer“ und hilflos auf die Welt. Seine individuellen Bedürfnisse könne es weder erkennen noch äußern. Dazu Anna Winner: *„Es braucht einen Erwachsenen, der weiß, was ein ‚durchschnittliches‘ Kind wann und wie braucht. Erst durch die Hilfe des Erwachsenen, der dieses leere Gefäß füllt, die ‚tabula rasa‘ beschreibt, reift der Mensch zu einem kompetenten, autonomen und aktiven Erwachsenen. Dem allmächtigen Erwachsenen steht ein hilfloses Kind gegenüber“* (Winner 2009, S. 19).

Begegnet man einem Kind überwiegend auf Basis dieser Vorstellung, bremst man es darin, selbsttätig seine Umgebung zu erforschen, seine ganz eigenen Erfahrungen in seinem ganz eigenen Tempo zu machen und daraus seine ganz eigenen Schlüsse über sich und die Welt zu ziehen. Es fehlt ihm an wichtigen Selbstwirksamkeitserfahrungen, die sein Selbstvertrauen und seine Individualität stärken.

All diesen Bildern vom Kind liegt eine Annahme zugrunde: In diesem Augenblick ist man als Kind noch nicht vollständig, richtig und wertvoll. Das ist man erst im Hinblick auf den Erwachsenen, der man einmal sein soll.

Unsere eigene Erziehungsgeschichte reflektieren

Nur wenige Kinder meiner Generation hatten das Privileg, in Familien aufzuwachsen, in denen das „Macht-mit-Prinzip“ gelebt wurde und sie deshalb ein gesundes Selbstbild und Selbstvertrauen entwickeln konnten. In einem gelebten „Macht-mit-Prinzip“ ist es selbstverständlich, sich authentisch mit Gefühlen zu zeigen und in Bedürfnissen adäquat gesehen und beantwortet zu werden. Die Meinung und die Sicht der Dinge aller Beteiligten zählt.

Marshall Rosenberg erzählt: *„Immer wieder frage ich Menschen, an wie viele Gelegenheiten sie sich erinnern können, dass in einer schmerzhaften Situation jemand für sie da war, um ihre Gefühle und Bedürfnisse zu* *hören. Und mehr als die Hälfte der Menschen, denen ich diese Frage stelle, können sich nicht an ein einziges Mal erinnern*" (Rosenberg 2005b, S. 44).

Vielleicht hast du Lust, dir selbst einmal folgende Fragen zu stellen:

- Mit welchem Bild vom Kind bist du groß geworden?
- Welche Aspekte erkennst du wieder?
- Was waren die Erziehungsprinzipien in deiner Kindheit?
- Wenn du dir eine Gesellschaft vorstellst, in der das Bild vom Kind „als triebgesteuerter Teufel" maßgeblich als Orientierung für Erziehung und Entwicklung in den Köpfen der Erwachsenen vorherrscht, was löst das in dir aus?

Seit vielen Jahren setze ich mich mit dem Thema „Kindheit in der Generation meiner Eltern" auseinander, und nach wie vor macht sich in mir eine immer noch spürbare Fassungslosigkeit breit. Mein Körper reagiert mit Enge und Abwehr, und ich schütze mich davor, das Thema in Gänze an mich heranzulassen. Wann immer ich das doch tue, kommen mir die Tränen.

Meine Eltern haben beide eine wie oben beschriebene Erziehung in ihrer extremen Form erlebt. Indem ich mich damit konfrontierte, konnte ich langsam, Schritt für Schritt und liebevoll mein Herz für sie öffnen. Inzwischen spüre ich Mitgefühl für sie, Mitgefühl dafür, wie sie im Rahmen ihrer Möglichkeiten und Grenzen die Eltern sein konnten, die sie waren. Mir wird klar, dass sie in vielerlei Hinsicht doch über ihre eigenen Eltern hinausgewachsen sind.

Und ich spüre Mitgefühl für mich selbst, dafür, wie viele meiner kindlichen Sehnsüchte und Bedürfnisse in der Beziehung zu meinen Eltern unerfüllt geblieben sind.

Mir wird deutlich, wo Überforderung und Hilflosigkeit besonders zu Beginn meines eigenen Mutter-Seins ihre Wurzeln hatten. Ich hatte zwar Ansprüche an mich selbst und innere Bilder, wie ich als Mutter sein wollte, aber ich hatte kein Modell, von dem ich das hätte lernen können. Die in mir verankerten Modelle und das Bild, wie ich sein wollte, passten einfach nicht zusammen.

Mit dem Eintauchen in die Welt der Gewaltfreien Kommunikation hat sich mein Leben mit dem Blick auf mich selbst, auf meine Kinder und auf Menschen überhaupt grundlegend auf den Kopf gestellt. Die Gewaltfreie Kommunikation hat dazu beigetragen, Resignation, Verbitterung und die Überzeugung, letztlich doch allein zu sein, mehr und mehr hinter mir zu lassen. Stattdessen habe ich gelernt, mit meinen Kindern in Beziehung zu treten, indem ich ihnen, wann immer möglich, empathisch begegnete und lernte, mich ihnen mit meinen eigenen Bedürfnissen und Grenzen zu zeigen. Es wurde zunehmend selbstverständlich, auf Augenhöhe gemeinsam nach Lösungen zu suchen.

Letztlich konnte das gelingen, weil ich in den GFK-Seminaren und Übungsgruppen modellhaft erleben durfte, wie anders menschliches Miteinander ist, wenn wir uns in unserer Verletzlichkeit zeigen und auf der Ebene von Gefühlen und Bedürfnissen kommunizieren.

Mit der Beschreibung der folgenden Situation, die für mich eine Schlüsselsituation war, möchte ich den kulturellen Wandel verdeutlichen, den ich in Bezug auf meine Herkunftsfamilie erlebte:

Auf der Konfirmationsfeier meines Neffen stellte mir mein Vater für mich ganz überraschend am voll besetzten Kaffeetisch folgende Frage: „Tochter, watt is datt denn nu eigentlich – Gewaltfreie Kommunikation? – Hast du da mit Straffälligen oder Leuten, die ihre Frauen verkloppen, zu tun?“

Bis zu diesem Zeitpunkt hatte mein Vater mich nie danach gefragt, was ich eigentlich beruflich genau tue. Ziemlich verdattert und eine aufsteigende Aufregung spürend sagte ich in etwa: „Oh, das freut mich ja, dass dich das interessiert, danke für die Frage.“ Auf das „Danke“ reagierte er in etwa so: „Wieso „danke“? – Rede nich rum, sech mi lieber, watt datt is!“

Oh je, wie sollte ich das nun kurz, deutlich und plausibel am Konfirmationskaffeetisch erklären? Mein Versuch war in etwa so: „Also, wenn man Gewaltfreie Kommunikation gelernt hat und z.B. mit jemandem im Streit ist, gelingt es viel besser, sich zu vertragen und den Konflikt zu lösen ...“ Viel mehr Worte schaffte ich gar nicht zu sagen, denn sofort unterbrach mich mein Vater: „Ach, rede nich, wenn der andere nich so will wie ich, dann guck ich dem mal so richtig in' n Hals, und dann läuft die Sache. Ja, oder?" Mit dem betonten „Ja, oder" wandte er sich von mir ab und schwenkte mit dem Blick zurück auf die übrige Kaffeegesellschaft, um dort die erwartete Zustimmung zu erhalten.

Mit diesem einen Satz beschrieb mein Vater kurz und knapp die Atmosphäre meiner Kindheit bei uns zu Hause. Und dieser kurze Satz entfaltete sofort seine Wirkung auf mich. Äußerlich wirkte ich ruhig und gelassen, aber es breitete sich in mir – einer erwachsenen Frau von 45 Jahren – „heiße Scham" aus, ich reagierte sprachlos und mit dieser mir wohl vertrauten Lähmung. Immerhin konnte ich schon nach kurzer Zeit mein inneres Geschehen beobachten und reflektieren, was da gerade passiert, auch wenn ich im Außen stumm blieb. Einige lachten, und das Kaffeegespräch nahm seinen Lauf. Man kannte ja meinen Papa.

An was ich mich jedoch noch ganz genau erinnere, ist, wie mein Blick auf meine beiden Kinder fiel und mein Herz einen warmen Freudensprung machte. Ich ließ mich berühren von der liebevollen Verbundenheit, die ich mit ihnen erlebte. In diesem Moment spürte ich meine Dankbarkeit dafür, dass ich durch das Lernen der Gewaltfreien Kommunikation weit über das hinausgewachsen bin, was ich in meiner Herkunftsfamilie zum Thema „Streiten" gelernt hatte.

Gleichzeitig spürte ich die wohl vertraute Einsamkeit, weil es einfach nicht gelingen wollte, mit meinem Vater in Kontakt zu kommen, und die wohl vertraute Traurigkeit, dass unsere Verbindung bei Weitem nicht die Qualität hatte, nach der ich mich noch als erwachsene Tochter sehnte.

Erst viele Jahre später, auf seinem Sterbebett, initiierte mein Vater eine Situation, in der er sich mir zum ersten Mal in seiner Not und Hilfsbedürftigkeit offenbarte. Überraschend und plötzlich waren wir uns nah wie niemals zuvor. In diesem Moment drückte er in seiner Weise seine Wertschätzung für mich aus, wir hielten uns beide an den Händen und sahen uns in die Augen. Ein kurzer Moment, in dem wir in Liebe und in Frieden verbunden waren. Diese letzte Begegnung mit ihm hat in mir einen heilsamen Trauerprozess in Gang gesetzt, den ich nicht für möglich gehalten hätte. Es war die Trauer um den Vater, der er war, und um den Vater, den ich nie hatte. Wie tragisch ist es, sich erst im letzten Moment seines Lebens mit seiner Liebe, Wertschätzung und Hilflosigkeit zeigen zu können!

Meine Entwicklung mit der GFK macht es mir inzwischen möglich, einerseits klar und deutlich zu formulieren, womit ich in meiner Kindheit nicht einverstanden bin und was ich anders gebraucht hätte und gleichzeitig liebevoll auf meinen Vater zu schauen. Mit dem, was ich über seine Kindheit weiß, hätte ich niemals tauschen wollen.

Aus meiner Sicht ist es von erheblicher Bedeutung für die Qualität unserer Beziehung zu unseren Kindern, uns darüber bewusst zu sein, dass wir alle auch diese „alten" Bilder in uns tragen. Ich gehe davon aus, dass wir alle Gedankenmuster kennen, die Symptom dafür sind: „Das Kind wickelt dich um seinen Finger" oder „Guck doch mal hin – das macht der doch mit voller Absicht!", „Der ist einfach nur zu faul!" oder „Sie könnte doch, sie will nur nicht!". Indem wir anerkennen, dass unsere Biografie unsere Interpretationsmuster bedingt und indem wir lernen, unsere Interpretationen zu reflektieren, schaffen wir erst die Voraussetzung dafür, unseren Kindern als kompetente Persönlichkeiten zu begegnen und Beziehung auf Augenhöhe zu gestalten. Fehlt diese Reflexion, sehe ich die große Gefahr, dass wir denken, wir verhalten uns unseren Kindern gegenüber im Sinne der Gewaltfreien Kommunikation, transportieren jedoch subtil doppelbödige Botschaften und schaffen es nicht wirklich, in einem gleichwertigen Dialog zu landen. Das kann beispielsweise so aussehen, dass wir in einer Konfliktsituation die Gefühle und Bedürfnisse unseres Kindes zwar benennen und auch unsere eigenen ausdrücken, jedoch unseren Bedürfnissen den Vorrang geben und eigentlich gar nicht offen dafür sind, die Bedürfnisse des Kindes voll und ganz in den Blick zu nehmen. Auf diese Weise verpacken wir ganz subtil eine Forderung in eine Bitte. Schließlich haben wir es „richtig gesagt", und nun muss das Kind doch tun, um was ich es bitte. Sagt das Kind „nein", dann braucht es wohl noch mehr Ausdruck meiner Bedürfnisse, bis es „ja" sagt.

Aua! – Machen wir uns bewusst, dass wir auf diese Weise moralischen Druck ausüben, der auch noch als gewaltfrei getarnt ist. Unsere Kinder merken ganz genau, wenn sie eigentlich keine Wahl haben und ein „Nein" unerwünscht ist. Wir denken, wir handeln „gewaltfrei", erwarten jedoch genauso Anpassung und Funktionieren. Wir haben noch gar kein Bild davon, wie es anders geht.

Modernes Bild vom Kind trifft GFK

„Kinder kommen nicht als hilflose Babys auf die Welt, sondern als individuelle Persönlichkeiten. Sie besitzen von Geburt an vielfältige Kompetenzen. Sie sind aktiv, stark, reich, mächtig und klug. Sie nehmen ihre Umwelt nicht nur passiv auf, sondern steuern ihre Wahrnehmung aktiv und bestimmen ihre Entwicklung mit. Kinder sind nicht dümmer oder klüger als Erwachsene, sie sind auf eine andere Weise klug. Kinder brauchen Erwachsene, die sich auf ihre Individualität einlassen, die das Kind verstehen wollen und ihm partnerschaftlich begegnen. Dem kompetenten Kind steht ein selbstbewusster, kompetenter Erwachsener gegenüber. Die Beziehung basiert auf Gleichrangigkeit." (Winner 2009, S.20)

Wie im vorhergehenden Abschnitt beschrieben, ist die Auffassung vom Säugling, der kompetent auf die Welt kommt und von Kindern, die ihre Entwicklung und die Auseinandersetzung mit der Umwelt aktiv selbst steuern, gar nicht so neu. Entwicklung ist anstrengend, und es zeigen sich Diskrepanzen zwischen den Anforderungen der Umwelt und den Fähigkeiten und Möglichkeiten, die das Kind jeweils zur Verfügung hat. Wenn Kinder in bestimmten Phasen unruhiger und gereizt wirken, ist das sehr häufig der Ausdruck eines Übergangs von einem Entwicklungsschritt zum nächsten und keinesfalls ein bewusster Manipulationsversuch.

Jeder Entwicklungsschritt birgt konkrete Entwicklungsbedürfnisse, auf die ich später noch näher eingehen werde. Es braucht erwachsene Bezugspersonen, die hinter dem Verhalten eines Kindes seine Bedürfnisse erkennen und für die es selbstverständlich ist, sie, so gut sie es können, zu beantworten. Je besser das gelingt, desto stabiler wächst das Kind in eine sichere Bindung und entwickelt von sich aus eine

„Compliance“ – die freiwillige Bereitschaft, sich leiten zu lassen und sich im Gesamtgefüge zurechtzufinden. Gewaltfreie Kommunikation sensibilisiert uns genau dafür, mit uns selbst und unseren Kindern in einer Weise in Verbindung zu treten, die diese Ansätze voll und ganz erfüllt.

Was ändert sich durch die Gewaltfreie Kommunikation?

Ich werde oft gefragt, was Gewaltfreie Kommunikation eigentlich ist, und jedes Mal ringe ich um die Worte, die das kurz zusammengefasst erklären könnten. Jedes Mal bin ich hinterher sehr unzufrieden mit dem, was mir spontan eingefallen ist, weil es nur einen kleinen Teil dessen beschreibt, was die GFK für mich ausmacht. Sie ist komplex und vielschichtig. Sie ist ein konkretes Modell, eine Lebenshaltung und eine Philosophie zugleich. Für mich ist das Entscheidende die Absicht der Gewaltfreien Kommunikation, die Marshall Rosenberg so beschreibt: *„Was ich in meinem Leben will, ist Einfühlsamkeit, einen Fluss zwischen mir und anderen, der auf gegenseitigem Geben von Herzen beruht“* (Rosenberg 2002, S. 19).

Dieser Satz drückt für mich die Sehnsucht nach einem Miteinander aus, in dem Menschen, gut mit sich selbst verbunden, auf Augenhöhe im Kontakt mit anderen Menschen sind und einander jenseits von Kampf und Konkurrenz authentisch und empathisch durch das Leben begleiten. Niemand tut mehr etwas, um einer Bestrafung zu entgehen oder eine Belohnung zu empfangen, sondern aus der Haltung heraus, dass es zum eigenen Wohlergehen UND dem Wohle aller beiträgt.

Marshall Rosenberg entwickelte eine klare Struktur im Sinne eines konkreten Handlungsmodells, das als Orientierung dient und in der Anwendung ein achtsames, einfühlsames und gleichwertiges Miteinander unterstützt. Besonders wenn wir anfangen, GFK zu lernen, bietet das Modell ein Geländer, an das wir uns halten können. Je selbstverständlicher wir uns in der GFK bewegen und die Haltung integrieren, desto mehr verlassen wir das Geländer und finden unsere eigenen Formulierungen. In Stresssituationen können wir jederzeit auf das Geländer zurückgreifen und es für unsere Orientierung nutzen.

> *„Jenseits von richtig und falsch ist ein Ort. Dort begegnen wir uns."*
> (Rumi, persischer Sufi-Mystiker, 1207–1273)

Gewaltfreie Kommunikation findet jenseits von richtig und falsch statt. Anstelle von Diskussionen darüber, wer die besseren Argumente und damit recht hat, landet der Fokus immer wieder bei uns selbst. Indem wir uns mit unseren Gefühlen und Bedürfnissen und unseren unerfüllt gebliebenen Sehnsüchten kennen- und annehmen lernen, üben wir radikale Selbstannahme und Selbstverantwortung. Wenn unsere Kinder sich z.B. nicht in einer gewünschten Art und Weise verhalten, machen wir sie nicht mehr für unsere Gefühle verantwortlich. Stattdessen lernen wir, in empathischer Verbindung zu bleiben.

Es ist nicht besonders schwierig, das Modell der Gewaltfreien Kommunikation kognitiv zu verstehen. Die Struktur ist gut nachvollziehbar, sie macht Lust, gleich im Alltag etwas auszuprobieren und sie sorgt für den einen oder anderen „Aha"-Effekt. Schon in einem eintägigen Einführungskurs erleben die Teilnehmenden, welch wohltuende Wirkung es hat, mit der Haltung der Gewaltfreien Kommunikation auf sich, auf andere Menschen und auf Situationen zu schauen.

Die Gewaltfreie Kommunikation in ihrer vollen Wirkungsweise zu lernen und zu integrieren und insbesondere über das „Richtig-und-Falsch-Prinzip" hinauszuwachsen, geht jedoch weit über das Verstehen und Anwenden einer Methode hinaus. Für mich persönlich ist die Gewaltfreie Kommunikation ein lebenslanger Lernprozess, der nicht gradlinig verläuft. Je nach Lebensphase stellt er mich einerseits immer wieder vor neue Fragen und Herausforderungen. Andererseits verhilft er mir zu wohltuenden Erkenntnissen über mich, über meine Beziehungen, über mein Sein in dieser Welt – über das Leben eben. Ich persönlich bin mit diesem Prozess sehr glücklich, weil er mir Schritt für Schritt zu einem Vertrauen in mich selbst, in meine Kinder, in die Menschen und in das Leben verhilft.

Ich habe begonnen, die Gewaltfreie Kommunikation zu lernen, kurz bevor meine Kinder in die Pubertät kamen. Das war „Gold wert“! Wie gerne hätte ich sie schon viel früher zur Verfügung gehabt. Viele schwierige oder teilweise sogar eskalierende Situationen mit meinen Kindern hätten dann wohl anders verlaufen können. Durch die Gewaltfreie Kommunikation habe ich gelernt, die Reaktionen meiner Kinder konsequent nicht mehr auf mich zu beziehen. Ich weiß jetzt, dass sich in ihren Handlungen ihre Bedürfnisse zeigen. Allein diese Erkenntnis brachte viel Klarheit und Leichtigkeit in mein Leben und versetzte mich überhaupt erst in die Lage, in einer Weise auf sie zu reagieren, die hilfreich und verbindend war.

Lea ist von Anfang an in dieser Haltung aufgewachsen, sie musste sie nicht erst lernen. Für sie war es immer selbstverständlich, dass ihre Bedürfnisse ebenso zählen wie die der Erwachsenen. Die Theorie hinter dieser Haltung kannte sie bis vor Kurzem gar nicht.

3. Gewaltfreie Kommunikation mit Kindern: Eine kurze Einführung

Den US-amerikanischen Psychologen Dr. Marshall B. Rosenberg (1934–2015) trieb die Frage um, warum manche Menschen gewalttätig werden und andere nicht. Aus seinen Erkenntnissen heraus begann er, ab den 1960er-Jahren die Gewaltfreie Kommunikation zu entwickeln. Sie ist verbunden mit der Vision eines sozialen Wandels in der Welt im Sinne einer Kultur, in der ein wertschätzendes Miteinander gelebt wird und friedliche Beziehungen dauerhaft gelingen.

Rosenberg war international als Mediator tätig und gründete das gemeinnützige *Center for Nonviolent Communication* (CNVC).

Das Modell der GFK

Wolf und Giraffe

Marshall Rosenberg war ein begnadeter Erzähler, der viele Bilder fand, und das machte es leicht, ihm zuzuhören. Als Orientierung in der Gewaltfreien Kommunikation wählte er zwei Symbole: Wolf und Giraffe.

Die Bezeichnung *Wolfssprache* steht für eine lebensentfremdende Sprache. Sie ist gekennzeichnet durch Urteile, Vorwürfe und Bewertungen. Die Verantwortung für die eigenen Gefühle wird geleugnet. Alles, was Menschen tun, wird in richtig oder falsch bzw. schuldig oder unschuldig kategorisiert. Wer etwas falsch oder sich schuldig macht, verdient eine Strafe und soll leiden. Es geht darum, recht zu haben und andere davon zu überzeugen.

Das Symbol des Wolfs in der GFK hat seinen Ursprung darin, dass Wölfe in hierarchisch strukturierten Rudeln leben. Ein Leitwolf bestimmt, die anderen folgen. Tagsüber bekommt man die Tiere kaum zu Gesicht, weil sie scheu sind und sich zurückziehen. Aber sie sind Kampftiere. Wenn sie sich bedroht fühlen oder wenn sie hungrig sind, beißen sie zu.

In Seminaren höre ich oft Empörung darüber, dass der Wolf in der GFK „so schlecht wegkommt", wo er doch für die Natur eine so wichtige Rolle spielt. Wenn wir an dieser Stelle in der Bewusstheit der Gewaltfreien Kommunikation die Ohren der Giraffe aufsetzen und anfangen, jenseits von richtig und falsch zu denken, dann lautet die Antwort: Es geht keinesfalls darum, dass die Wolfssprache falsch ist, und auch nicht, den Wolf zu bekämpfen oder auszurotten. Sehr häufig verwenden wir die Wolfssprache, wenn unser Stresslevel hoch ist und wir aus Mustern heraus reagieren. In der Wolfssprache zeigt sich die Kombination aus evolutionsbedingten Überlebensstrategien und unseren alten inneren Verletzungen, die wir in unserer Biografie erfahren haben. Darauf werde ich in dem Kapitel „Wie Stress uns daran hindert, die liebenden Eltern zu sein, die wir sein wollen" noch näher eingehen (siehe S. 95).

Letztlich ist die Wolfssprache ein tragischer Ausdruck von Not und Unzufriedenheit. Wenn eine Person sie spricht, ist das ein Zeichen dafür, dass sie ein empathisches Ohr braucht.

In der GFK lernen wir, uns unsere „inneren Wölfe", die sich in Form von typischen Gedankenmustern, Urteilen oder Verhaltensweisen zeigen, bewusst zu machen, sie einzuordnen und sinnbildlich zu umarmen. Sie gehören zu uns wie unsere Nase und unsere Ohren. Je besser das gelingt, umso leichter finden wir den Weg zu unseren Gefühlen und Bedürfnissen und damit zu einer verbindenden Sprache. Wir bekommen mehr und mehr ein Gespür dafür, dass wir, wenn wir in Wolfssprache denken oder sprechen, es in einer verbindungs-trennenden Sprache tun. Dann landen wir nur selten dort, wo wir eigentlich hinwollen.

Das Wort *Giraffensprache* symbolisiert die Sprache des Herzens, eine lebensbereichernde Sprache, die auf Wertschätzung, Respekt und empathischem Miteinander beruht. Giraffensprache ist eine verbindende Sprache. Das Symbol der Giraffe hat Marshall Rosenberg deshalb gewählt, weil die Giraffe das auf der Erde lebende Säugetier mit dem größten Herzen ist. Wir sprechen auch von einer „Sprache von Herz zu Herz". Wenn eine Giraffe mit ihren langen Beinen läuft, wirkt das wie eine Bewegung in Zeitlupe. Dieser Aspekt symbolisiert für mich die Verlangsamung, die wir mit der Giraffensprache in einen Konflikt hineinbringen, wenn es emotional hoch her geht. Der lange Hals und die damit verbundene Fähigkeit, die Dinge von oben zu betrachten, steht für eine hilfreiche Distanz, verglichen mit einer Metaperspektive. In dem Moment, in dem es uns gelingt, diese Perspektive einzunehmen, steigen wir aus unseren emotional behafteten Urteilen, Bewertungen und Absolutheitsansprüchen aus und verbinden uns stattdessen mit unseren Gefühlen und Bedürfnissen. Außerdem werden wir neugierig auf die Bedürfnisse der anderen beteiligten Personen. Unsere Aufmerksamkeit ist darauf gerichtet, gemeinsam Wege zu finden, die dem Wohle aller dienen.

Auch die Giraffe kennt eine Form der Bewertung: Sie fragt, was für uns stimmig ist und was nicht. Während es in der Wolfssprache um allgemeingültige Urteile geht, also was „man jetzt als gut und richtig erachten würde", lädt die Giraffe dazu ein, in uns selbst nachzuspüren und dann auszusprechen, was wir, in Stimmigkeit mit unseren Bedürfnissen, in diesem Moment fühlen und brauchen.

Giraffensprache führt dazu, dass wir uns in unserer Menschlichkeit begegnen und uns in der Tiefe berühren lassen. Dadurch entsteht eine heilsame und wohltuende Herzensverbindung, die auf Ehrlichkeit und Mitgefühl beruht.

Die Giraffe hilft uns zu lernen, uns und andere mit ihrem bzw. unserem Wolfsgeheul anzunehmen und zu lieben. Ich habe noch lebhaft im Ohr, wie Marshall Rosenberg sagte: „Glaube einfach niemals, was ein Wolf sagt!" Die Giraffe weiß, dass die gewaltvolle Sprache eines Wolfes immer ein Ausdruck von Not ist. Sie entscheidet sich, die Urteile und Bewertungen nicht auf sich zu beziehen, sondern sie kann sie in Gefühle und Bedürfnisse übersetzen.

Gewaltfreie Kommunikation ist das Zusammenspiel von Wolf und Giraffe. Es geht um Bewusstheit und Achtsamkeit in der Kommunikation mit der Absicht, zu Verbindung beizutragen.

Das Hilfsmittel der vier Schritte

Um sich der Wolfssprache bewusst zu werden und in die Haltung der Giraffensprache zu wachsen, hat Marshall Rosenberg das Modell der vier Schritte als „technisches Hilfsmittel" entwickelt. Aber machen wir uns immer bewusst: Nur weil ich eine Botschaft präzise in diese vier Schritte verpacke, ist sie noch lange nicht gewaltfrei. Gewaltfreiheit entsteht in unseren Herzen und zeigt sich in unserer Haltung.

Das theoretische Modell der GFK gibt Orientierung und ist vergleichbar mit einer Landkarte. Ich kann auf dieser Landkarte nachschauen, wo ich mich selbst gerade befinde, wo ich gerne landen möchte und was ich dafür brauche. Im Kontakt mit meinem Kind bedeutet das: Ich kann mich orientieren, wo sich mein Kind möglicherweise gerade befindet und was es vielleicht gerade fühlt und braucht.

Wenn ich zum ersten Mal auf eine Landkarte schaue, wirkt sie mit ihren Linien und Farben zunächst voll und wirr. Ich brauche Zeit und Geduld, mich auf ihr zu orientieren und die Orte zu finden, die ich suche. Je mehr ich mich mit einer Landkarte beschäftige und sie kennenlerne, umso leichter finde ich mich auf ihr zurecht, umso schneller weiß ich, wo ich bin, und finde den Weg dorthin, wo ich hinmöchte. Ganz ähnlich verhält es sich mit der Gewaltfreien Kommunikation. Sie ist in den einzelnen Schritten leicht verständlich und doch komplex.

Meine Empfehlung: Nimm dir dieses Kapitel öfter vor und erarbeite es dir in einzelnen Teilen. In deinem Alltag könntest du dir für einen bestimmten Zeitraum jeweils einen Aspekt zu Herzen nehmen, auf den du im Kontakt mit dir selbst und mit deinem Kind besonders achtest, und den du für dich reflektierst. Allein das schafft Bewusstheit und erweitert deine Sichtweise.

> Im Anhang findest du ein Formular mit dem Titel „Selbstempathie üben“. Nutze es gerne, wenn du Situationen, die du mit deinem Kind erlebst, im Sinne der GFK reflektieren möchtest.

Und noch etwas: Wenn wir anfangen, uns mit der GFK zu beschäftigen, klingen die anfangs noch formelhaften Sätze oft hölzern und ungewohnt. Lass dich davon bitte nicht abschrecken. Es ist, als würde man das Kochen noch üben: Wir schauen in ein Kochbuch und halten uns mit den Zutaten und Mengen genau an das, was dort steht. Je öfter wir ein Gericht gekocht haben, umso freier werden wir, die Zutaten und Mengen zu variieren und auf unseren Geschmack abzustimmen. Das gilt auch für die Gewaltfreie Kommunikation: Je länger und intensiver wir sie üben, umso mehr wird sich die Haltung in einer fließenden Alltagssprache ausdrücken.

Die einzelnen Teile der Landkarte

Die Landkarte hat als Rahmen das Menschenbild der GFK, das von den folgenden Grundannahmen umrissen ist:

Die Grundannahmen in der GFK

- Was auch immer Menschen tun, sie tun es, um der Erfüllung ihrer Bedürfnisse näher zu kommen. Bedürfnisse sind die Motivation jeglichen menschlichen Handelns.
- Jeder Mensch wählt in jeder Sekunde die beste Strategie, die ihm zur Erfüllung seiner Bedürfnisse aufgrund seiner Rahmenbedingungen in diesem Moment zur Verfügung steht.
- Grundsätzlich trägt jeder Mensch das Bedürfnis in sich, sich an der Erfüllung der Bedürfnisse anderer Menschen zu beteiligen. Menschen sind bereit zu kooperieren, wenn sie darauf vertrauen können, dass sie in ihren eigenen Bedürfnissen gesehen und gehört werden.

- Jeder Mensch hat bemerkenswerte Ressourcen und Fähigkeiten, die sichtbar werden, wenn wir durch Empathie mit ihnen in Kontakt kommen.
- Jede Form von Vorwurf, Kritik, Angriff oder Rückzug ist ein Ausdruck unerfüllter Bedürfnisse.

Innerhalb dieses Rahmens finden wir auf der Landkarte die vier Schritte der GFK, mit deren Anwendung die Grundannahmen konkret in der Kommunikation realisiert werden:

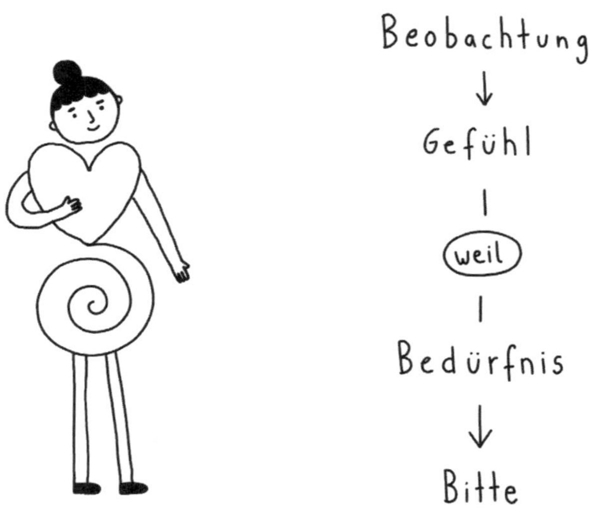

Die vier Schritte in der GFK:

1. **Beobachtung:** Was genau ist eigentlich passiert, das ein Unbehagen ausgelöst hat? Wer hat was gesagt/getan? Was habe ich gesehen/gehört?
2. **Gefühle:** Welche Gefühle, die durch das Geschehen ausgelöst wurden, signalisiert der Körper?
3. **Bedürfnisse:** Auf welche Bedürfnisse weisen diese Gefühle hin?
4. **Bitte:** Was konkret kann ich oder eine andere Person tun, um der Erfüllung der Bedürfnisse näher zu kommen?

Die vier Schritte finden sich jeweils in den drei Teilprozessen in der Kommunikation wieder. Mithilfe der Teilprozesse können wir erkennen, wo wir gerade sind und entscheiden, wohin wir uns bewegen möchten.

Die drei Teilprozesse in der GFK

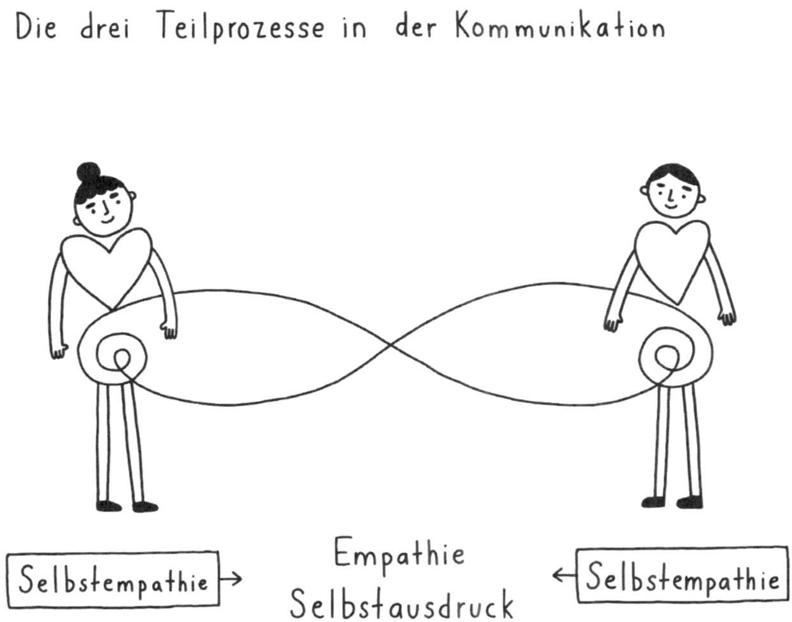

A. Der Prozess der Selbstempathie: Ich bin mit meiner Aufmerksamkeit für diesen Moment ganz bei mir und erforsche die vier Schritte in mir selbst:

1. **Meine Beobachtung:** Was ist aus meiner Sicht gerade passiert? Ich identifiziere den Auslöser für mein Unbehagen.
   Ein Beispiel: Ich habe Max jetzt drei Mal gebeten, sich die Zähne zu putzen. Er hat es nicht gemacht.

2. **Meine Gefühle**, die ich jetzt in mir spüre: *Puh, ich bin ganz schön k.o. und müde.*
3. **Meine Bedürfnisse**, die durch das Geschehen in mir lebendig geworden sind: *Worum geht es mir denn eigentlich gerade? Was brauche ich jetzt? – Ich brauche Raum für mich und Ruhe.*
4. **Meine Bitte** an mich selbst: Ich entscheide mich für meinen nächsten Schritt, indem ich überlege: Was kann ich selbst dafür tun, damit ich der Erfüllung meiner Bedürfnisse näherkomme? Auf wen möchte ich zugehen?
   Ich spreche Max ein weiteres Mal an und offenbare mich damit, dass ich mit ihm noch gemütlich eine Geschichte lesen möchte und danach selbst Ruhe brauche.
   Was könnte Max konkret beitragen, damit ich der Erfüllung meiner Bedürfnisse näherkomme?
   Ich bitte Max, sich jetzt seine Zähne zu putzen, damit wir noch Zeit für eine gemütliche Geschichte haben. Wenn er nein sagt, frage ich ihn, ob er eine Idee hat, wie es jetzt gut weitergehen kann.

Im Idealfall gäbe es eine weitere Möglichkeit: Eine andere Person um Unterstützung bitten, sich jetzt um Max zu kümmern, beispielsweise den Partner oder die Großeltern.

Wenn der Fokus meiner Aufmerksamkeit auf dem liegt, was ich fühle und brauche, und wenn ich um meine Bedürfnisse weiß, wird es viel leichter, mit Ruhe und Neugier auf den anderen Menschen zuzugehen. Ich kann mich entscheiden, mich entweder mit meinen Gefühlen, Bedürfnissen und meiner Bitte auszudrücken, oder meinem Gegenüber/meinem Kind mit Empathie zu begegnen und neugierig zu erforschen, was gerade seine Gefühle und Bedürfnisse sind.

B. Der Prozess des Selbstausdrucks: Ich gehe auf mein Kind oder eine andere Person zu und teile mich in den vier Schritten mit. Die Aufmerksamkeit der Beteiligten ist bei mir.

1. **Meine Beobachtung:** Ich teile mit, was in meinem Erleben im Außen passiert ist und was der Auslöser für mein Unbehagen ist: *„Ich habe dich in der letzten Viertelstunde drei Mal gebeten,*

dass du dir jetzt deine Zähne putzt, und du hast es bisher nicht gemacht.“

2. **Meine Gefühle**: Ich teile meine Gefühle mit, die ich jetzt spüre: *„Ich bin wirklich müde …“*
3. **Meine Bedürfnisse**: Ich teile meine Bedürfnisse mit, die jetzt in mir lebendig sind: *„… und ich brauche selbst ganz bald Ruhe und Erholung.“*
4. **Meine Bitte**: Ich äußere eine konkrete Bitte an mein Kind: *„Ich möchte so gerne mit dir noch gemütlich eine Geschichte lesen und kuscheln. Kommst du jetzt mit zum Zähneputzen?“*
   Oder: *„Hast du eine Idee, wie wir das jetzt gemeinsam gut hinbekommen?“*

C. **Der Prozess der Empathie:** Ich bin mit meiner Aufmerksamkeit ganz bei meinem Gegenüber, mit dem Fokus auf seinen Gefühlen und Bedürfnissen. Wenn eigene Gedanken, Interpretationen, Gefühle usw. sich melden, nehme ich diese wahr und „parke“ sie bewusst für diesen Moment. Meine Aufmerksamkeit wandert wieder zu meinem Gegenüber. Ich äußere meine Vermutungen

1. **Die Beobachtung** aus deiner Sicht: *„Also, du sagst, es ist doch noch gar nicht so spät.“*
2. **Deine Gefühle:** *„Bist du sauer / traurig …?“*
3. **Deine Bedürfnisse:** *„… weil dir das Spielen gerade so viel Spaß macht?“*
4. **Deine Bitte** (= Lieblingsstrategie), um der Erfüllung deiner Bedürfnisse näher zu kommen: *„Und du deshalb lieber weiterspielen als Zähne putzen willst?“*

Auf diese Weise beginnen und gestalten wir einen Prozess, in dem wir alle gehört werden und gemeinsam auf Augenhöhe nach Lösungen suchen, die für alle Beteiligten stimmig sind.

Doch worauf kommt es an?

Die Schlüsselunterscheidungen in der GFK

Jeder einzelne der vier Schritte birgt Stolperfallen, und es ist wichtig, dass wir sie uns bewusst machen. In der Gewaltfreien Kommunikation sprechen wir von **Schlüsselunterscheidungen**. Während wir in der alltäglichen Kommunikation viele Begriffe benutzen, ohne uns genauer Gedanken über ihre Bedeutung zu machen, gibt es in der GFK für konkrete Begrifflichkeiten sehr klare Definitionen. Sie haben einen erheblichen Anteil daran, dass die Grundannahmen der GFK in unserer Kommunikation tatsächlich umgesetzt werden und dadurch eine Herz-zu-Herz-Kommunikation möglich wird.

Wenn wir diese Schlüsselunterscheidungen anwenden und verinnerlichen, unterstützt uns das dabei, selbst die Verantwortung für unsere Gefühle und Bedürfnisse zu übernehmen. Sie sind auch von großer Bedeutung, um nicht doch subtil in einem gewaltvollen Dialog zu landen, der äußerlich als gewaltfrei deklariert ist. Die Bewusstheit über die Schlüsselunterscheidungen in der GFK trägt entscheidend dazu bei, ob Kommunikation verbindet oder trennt.

In Kapitel 7 (Seite 137) beschreibt Lea ein Beispiel mit ihrer Mutter, das in ähnlicher Weise sicherlich viele Eltern kennen und das sich deshalb gut eignet, den Prozess der GFK in kleinen Schritten zu erklären. Um die einzelnen Schritte ausführlich zu beschreiben, werde ich den „Raum zwischen Reiz und Reaktion“ sehr weit auseinanderziehen. Ich werde die wichtigsten Schlüsselunterscheidungen erläutern, damit deutlich wird, an welchen Stellen wir entscheidend auf unsere Kommunikation Einfluss nehmen können, um uns selbst und unserem Kind liebevoll zu begegnen.

Möglicherweise erscheint dir der Prozess als viel zu lang, zu groß und zu kompliziert. Macht nichts. Wenn du dich zum ersten Mal mit der Gewaltfreien Kommunikation beschäftigst, erscheint sie groß und kompliziert. Für mich ist die GFK ein lebenslanger Lernprozess, der Schritt für Schritt viel Übung braucht. Lass dir Zeit. Für den nächsten Kontakt mit deinem Kind kannst du dich für einen Aspekt entscheiden, auf den du deine Aufmerksamkeit lenkst und der dir für eure Beziehung zu diesem Zeitpunkt am wirkungsvollsten erscheint.

Nun zu einem konkreten Beispiel. Lea berichtet von folgender Situation:

Beispiel: Der Teller auf der Spülmaschine

Nach einem Tagesseminar kocht Leas Mutter für die Familie ein Abendessen. Als Lea fertig gegessen hat, möchte sie in ihr Zimmer gehen und stellt ihren Teller oben auf die Arbeitsplatte, da die Spülmaschine noch mit sauberem Geschirr gefüllt ist. Als ihre Mutter das sieht, merkt sie, wie erschöpft sie nach ihrem Tag ist und dass sie nicht einverstanden damit ist, dass Lea so die Küche verlässt.

Der Prozess der **Selbstempathie:** Für Leas Mutter gehörte die GFK zu diesem Zeitpunkt bereits seit vielen Jahren zu ihrem Leben, sodass sich der Prozess, den ich hier detailliert auf mehreren Seiten beschreibe, vermutlich in ähnlicher Weise binnen weniger Atemzüge in ihr abspielte.

Schritt 1: Beobachtungen im Unterschied zu Bewertungen, Urteilen, Interpretationen, Diagnosen und Verallgemeinerungen

> **!** Vorsicht bei den folgenden Gedankenmustern, in denen Beobachtungen mit Interpretationen, Verallgemeinerungen und Urteilen verwechselt werden.

- „Ich habe doch schon so oft gesagt, dass du die Spülmaschine ausräumen sollst. Du respektierst mich einfach nicht."
- „Immer stellst du deinen Teller auf und nicht in die Spülmaschine."
- „Ich mache mir die Mühe zu kochen und du lässt mich hier mal wieder mit dem ganzen Haushalt allein."
- „Es ist dir wohl egal, wie erschöpft ich bin."

Eine kleine Übung für dich:

- Kennst du solche Gedanken?
- Erinnerst du dich an Situationen, in denen du sie deinem Kind gegenüber ausgesprochen hast?
- Wenn ja, was ist daraufhin passiert? Ist das passiert, wonach du dich eigentlich gesehnt hast?

Sätze wie diese beinhalten Interpretationen, Bewertungen und Urteile über mein Kind. Wenn ich sie ausdrücke, ist die Wahrscheinlichkeit sehr hoch, dass bei uns beiden Stress und Anspannung größer werden: Ich als erwachsene Person verstricke mich in meinen Bewertungen, die mir selbst als „Wahrheit“ erscheinen.

Bei genauem Hinschauen passiert Folgendes: Meine Gedanken automatisieren sich und ich erzähle mir Geschichten über das, was vermeintlich mit meinem Kind nicht stimmt. Gesteigert wird dieser Mechanismus noch, wenn sich Worte einschleichen wie „immer“ oder „nie“, sie sind die Killer jeder Kommunikation. Das Kind hört mit großer Wahrscheinlichkeit Vorwürfe, was entweder dazu führt, dass es sich rechtfertigt und in den Widerstand geht oder ein schlechtes Gewissen bekommt und Verantwortung für die Gefühle der Eltern übernimmt. Beides führt jedenfalls nicht in eine Verbindung.

Eine Beobachtung, wie wir sie im Sinne der GFK verstehen, beschreibt das Geschehen kurz und knapp in einem Satz mit Zahlen, Daten und Fakten (ZDF):

- Was genau ist passiert, das in mir ein Unbehagen ausgelöst hat?
- Wer hat was konkret getan oder gesagt (Zitat!)?
- Was ist der Auslöser?

Mariannes Beobachtung könnte also wie folgt lauten:

„Lea ist aufgestanden, hat ihren Teller auf die Spülmaschine gestellt und die Küchentür geöffnet.“

PUNKT! Mehr nicht. Keine Geschichten. Keine Diagnosen. Keine Verallgemeinerungen. Nur das, was konkret passiert ist!

Der indische Philosoph Jiddu Krishnamurti (1895–1986) wird häufig mit folgendem Satz zitiert: *„Die Fähigkeit, zu beobachten, ohne zu bewerten, ist die höchste Form von menschlicher Intelligenz."*

Ich lade dich ein, selbst an einem Beispiel aus deinem Alltag zu üben: Entscheide dich für eine Situation aus dem Alltag mit deinem Kind, in der du typischerweise mit Bewertungen und Urteilen über dein Kind reagierst.

- Was passiert in dieser Situation?
- Wie lauten deine Urteile?
- Was genau tut das Kind – oder was tut es nicht – in dieser Situation, das diese Gedanken und Interpretationen in dir auslöst? Wie könnte dazu eine konkrete Beobachtung im Sinne der GFK lauten?

Eine urteilsbewusste Haltung

Was mir zu diesem Thema noch sehr wichtig ist: Solange wir in Urteilen und Bewertungen stecken bleiben und an ihnen festhalten, führt das unweigerlich zu Schuldzuweisungen und einer Trennung der Verbindung. Ein einziger Gedanke, den wir innerlich zur Wahrheit erklären, reicht aus, zwischen uns und unserem Kind eine tiefe Kluft entstehen zu lassen. Mit der Gewaltfreien Kommunikation üben wir uns darin, Bewertungen und Urteile als solche zu identifizieren und sie von der beobachtbaren Situation zu unterscheiden.

Gleichzeitig geht es darum anzuerkennen, dass unser Gehirn permanent urteilt und bewertet. Sich grundsätzlich Urteile und Bewertungen abtrainieren zu wollen ist deshalb kein sinnvoller Ansatz. Davon abgesehen, dass das gar nicht möglich ist, wäre das fatal, denn spontane, schnelle Bewertungen und Urteile sind in vielen Situationen sehr hilfreich. Angenommen, du bist mit hoher Geschwindigkeit auf der Autobahn unterwegs und triffst hinter einer Kurve plötzlich auf einen Stau. Bevor du die Situation kognitiv erfassen kannst, ist dein Fuß schon auf der Bremse. Dein unbewusst funktionierendes limbisches System (auch „Alarmglocke des Gehirns" genannt) fällt nämlich das Urteil „gefährlich" – und rettet damit dein Leben (siehe Kapitel „Wie Stress uns daran hindert, …", S. 95).

Das läuft auch in weniger gefährlichen Situationen ganz ähnlich ab. Wir alle haben Bilder davon, wie „man" sich richtig verhält. Geprägt durch unsere eigene Kindheit, gesellschaftliche Erwartungen usw. haben wir auch Vorstellungen davon, wie ein Kind sich verhalten sollte. Hier kommt wieder das limbische System ins Spiel: Es kategorisiert konkrete Verhaltensweisen als „unerwünscht, da gefährlich" und hat sie in einer Art Gefahrenregister auf „Karteikarten" abgelegt. Nun zeigt dein Kind plötzlich genau eine der Verhaltensweisen, die auf einer solchen Karteikarte abgelegt ist. Ehe dein Verstand sich überhaupt einschalten kann, gibt es ein bewertendes Urteil: „Das ist falsch", „So geht das nicht", „Das ist egoistisch", „Du bist rücksichtslos", „Das darf so nicht sein" usw.

Sich für derlei Gedanken selbst zu verurteilen, weil es nicht gelingt, Urteilsdenken abzuschalten, wäre für niemanden hilfreich, sondern würde unser Stresslevel noch erhöhen. Wir drehen uns weiter im Karussell der Bewertungen von richtig und falsch und bewerten nicht nur unser Kind, sondern auch noch uns selbst.

Urteilen und Bewerten gehören zum Menschsein dazu, und es geht nicht darum, eine gewaltfreie Haltung mit einer urteilsfreien Haltung gleichzusetzen. Letztere ist überhaupt nicht erreichbar. Davon einmal abgesehen, würden dann wieder ein „Entweder-oder" und ein „Richtig-oder-falsch" entstehen, was die Gewaltfreie Kommunikation niemals will. Es geht vielmehr um eine *urteilsbewusste* Haltung.

Du glaubst gar nicht, welche abenteuerlichen Urteilsszenarien sich in meinen Gedanken abspielen können. Wenn mein inneres Wolfsgeheul so richtig losgeht, erschreckt mich das oft selbst. Ein häufigerer Gedanke meine Kinder betreffend lautete damals beispielsweise in etwa so: *„Oh man, diese rücksichtslosen Monster, die machen einfach immer, was sie wollen und nie interessiert es sie, wie es mir geht …"*

Inzwischen gelingt es relativ schnell, dass ich wie von einer Zuschauertribüne aus meinen inneren Wölfen zuhöre und dabei denke: „Wow, was geht da denn gerade in mir ab!" Mit genügend Abstand kann ich oft sogar darüber schmunzeln. Die wichtigste Frage bleibt jedoch: Was ist denn gerade tatsächlich passiert? Was genau ist der Auslöser für mein Wolfsgeheul?

Mit der GFK lernen wir also, urteilende und bewertende Gedanken von dem zu unterscheiden, was beobachtbar (sichtbar, hörbar) im Außen passiert.

In meinem Beispiel könnte die Beobachtung gewesen sein: Als ich meinen Sohn gebeten habe, die Spülmaschine auszuräumen, hat er gesagt: „Mach ich später!"

Übrigens: Ganz nebenbei machen uns unsere Urteile und Bewertungen häufig aufmerksam auf das, wonach wir uns sehnen. So ist z.B. der Gedanke wie „Du bist immer so rücksichtslos" ein Hinweis darauf, dass wir uns nach Rücksicht sehnen oder danach, beachtet zu werden. Vielleicht wünschen wir uns auch Unterstützung oder Gemeinschaft. Ein Gedanke wie: „Du bist immer so unordentlich" könnte ausdrücken, dass wir uns nach Ordnung sehnen, nach Ruhe, Entspannung oder Unterstützung.

Wie anders klingt es, wenn wir anstelle von „Du bist rücksichtslos" sagen: „Ich sehne mich nach Rücksichtnahme" oder „Ich brauche Unterstützung". Auf diese Weise übersetzen wir Urteile und bewertende Gedanken in eine bedürfnisorientierte und lebensdienliche Sprache.

Willst du recht haben oder glücklich sein?

Ein weiterer, mir sehr wichtiger Aspekt: Es macht m.E. wenig Sinn, sich über „die richtige Beobachtung" zu streiten. In einigen GFK-Büchern heißt es: In einer Auseinandersetzung einigt man sich zunächst auf eine gemeinsame Beobachtung. Dem kann ich bedenkenlos zustimmen, solange dieses Vorgehen keinen weiteren Konflikt auslöst und alle Beteiligten mit der gemeinsamen Beobachtung mitgehen können. Ist das anders, weil die Beteiligten unterschiedliche Dinge wahrgenommen haben, bevorzuge ich eine Haltung der Vielfalt. Die Annahme, wir würden alle in derselben Situation dieselben Dinge wahrnehmen, ist eine Illusion. Die größere Illusion ist jedoch die, dass wir uns alle in einer Situation an dieselben Dinge erinnern. Erinnerungen sind keine auf einem Computer abgespeicherten Daten, sondern immer eine Rekonstruktion unseres Gehirns. Sehr stark vereinfacht beschrieben passiert dabei Folgendes[4]:

Über unsere Sinnesorgane gelangen in jeder Sekunde mehr als 1 Million Reize an unser Gehirn. Dieser Input würde uns einfach überfordern und deshalb wird, bevor uns etwas davon bewusst wird, gefiltert. Der Thalamus, eine Struktur im Zwischenhirn (auch „das Tor zum Bewusstsein" genannt) sortiert nach den Kriterien „wichtig" oder „unwichtig" die allermeisten Reize als unwichtig heraus. Dann durchlaufen die vorsortierten Reize – immer noch unbewusst – das limbische System, wo sie nach den Kriterien „gefährlich" oder „ungefährlich" eingeordnet werden (siehe das Autobahnbeispiel weiter oben). Weiter geht es zum Hypothalamus, wo die Reize zeitlich und im Zusammenhang eingeordnet werden. Erst dann kommt ein Bruchteil aller Wahrnehmungen überhaupt im bewussten Denken, im Frontalhirn an, und diesen „ausgesiebten" Teil können wir bewusst beschreiben.

Die „Filter" oder auch „Karteikarten" sehen bei jedem Menschen anders aus – jeweils abhängig von der Lebensgeschichte und davon, welche Erfahrungen als gefährlich und welche als sicher erlebt wurden. Wir alle haben eine selektive Wahrnehmung und Aufmerksamkeit.[5]

Ein Beispiel:

Zwei Schwestern, bei denen in der Vergangenheit verschiedene Auseinandersetzungen eskaliert waren, baten mich um Unterstützung, weil

4 Ich gebe hier in Kurzform Inhalte wieder, die ich im Rahmen meiner ROMPC®-Ausbildung (= Relationship-oriented Meridian-based Psychotherapy and Coaching) gelernt habe.

5 Suche auf YouTube einmal unter dem Stichwort „selective attention". Es gibt dazu einige sehr interessante Videos. Sie haben es mir leicht gemacht, mich von der Vorstellung zu lösen, wir müssten uns alle an das Gleiche erinnern können.

ihnen die Verbindung zueinander sehr wichtig ist. Deshalb kam es zu einem Mediationsgespräch.

Eine der Schwestern arbeitete auf einer Station für alkoholkranke Menschen. Dort wurde ihr bewusst, wie kritisch der Alkoholkonsum ihres eigenen Vaters gewesen war. Sie erinnerte sich beispielsweise daran, als Kind von der Mutter beauftragt worden zu sein, ihn aus der Kneipe zu holen, wenn er getrunken hatte. Sie konnte genau beschreiben, wie es sich anfühlte, in die Kneipe zu kommen. Es roch nach Zigarettenrauch und Alkohol, und sie erlebte sich als schüchtern und unsicher. Außerdem ließ sich ihr Vater nicht so einfach zum Nachhausekommen bewegen, was für sie damals sehr unangenehm war.

Nach dem Tod des Vaters wollte sie mit ihrer Schwester über diese Kindheitserlebnisse ins Gespräch kommen, doch zu ihrem Erstaunen konnte Letztere sich überhaupt nicht an solche Vorkommnisse erinnern. Empört behauptete sie, dass alles nicht stimme.

Eine Haltung der Vielfalt bedeutet anzuerkennen, dass wir Menschen unterschiedlich wahrnehmen und jeweils verschiedene Erinnerungen speichern. Diese verschiedenen Erinnerungen gilt es, nebeneinander und nicht gegeneinander zu stellen: Die eine Schwester erinnerte sich an mehrere Situationen, in denen sie ihren Vater aus der Kneipe abholen sollte, wenn er betrunken war, UND die andere Schwester hatte daran gar keine Erinnerung.

Anstatt darüber zu streiten, wer recht hatte, legte ich als Mediatorin den Fokus darauf, das unterschiedliche Erleben grundlegend zu akzeptieren. Ich unterstützte beide darin, sich gegenseitig „in die verschiedenen Welten" einzuladen und einander zuzuhören. Sehr schnell wurde deutlich, wie unterschiedlich die beiden ihre Kindheit erlebt hatten. Als beide diese Unterschiede anerkennen und herausarbeiten konnten, welche Bedeutung das jeweils für ihr Leben hatte, war es möglich, dass sich beide von der Geschichte der jeweils anderen berühren ließen und sie ihre Verbindung wiederherstellten.

Tagtäglich passiert es uns, dass wir denken (oder ausdrücken): „Das kann doch nicht wahr sein, ich weiß doch genau, dass es soundso war!"

Die „Formel“ lautet für mich an dieser Stelle:

„Aus meiner Sicht stellt es sich ‚*soundso*‘ dar, **UND** aus deiner Sicht stellt es sich ‚anders‘ dar. **Okay**!“

Anstelle eines „ABER“ setzen wir „UND“ zwischen die verschiedenen Erinnerungen, und so stehen beide gleichwertig nebeneinander. Der gemeinsame Nenner ist hier: Wir einigen uns darauf, dass wir verschiedene Erinnerungen haben, und wir entwickeln eine Neugier dafür, wie sich die Situation aus der Sicht der anderen Beteiligten darstellt.

Das Benennen der Beobachtung hat für unser Gegenüber letztlich die Bedeutung, dass wir klarmachen, worauf wir uns beziehen, wenn wir mit ihm ins Gespräch gehen. Entscheidend ist, was diese Beobachtung jeweils in uns auslöst. Und wie schade wäre es, schon bei der Beobachtung hängen zu bleiben, weil wir uns nicht einigen können, wer die „richtige“ Erinnerung hat.

Im Kontakt mit unseren Kindern passiert es häufiger, dass ich mir ganz sicher bin, etwas gesagt zu haben, wozu mein Kind meint, ich hätte das nie gesagt. Ich gehe davon aus, dass du solche Situationen kennst? Bevor es auf eine Meinungsverschiedenheit zwischen euch hinausläuft, möchte ich dich sehr zu Folgendem ermutigen: Dränge nicht darauf, dass du „recht“ hast, sondern probiere es mit dieser Einladung: „Ah, du siehst das offensichtlich ganz anders als ich. Erzähl mir, wie du das erlebt hast!“ Oder: „Was hast du denn in Erinnerung?“ Anschließend stellst du beide Positionen nebeneinander, mit einem „UND“ dazwischen und machst deutlich, dass ihr gerade sehr verschieden auf die gleiche Situation schaut. Wenn es dann gelingt, den Fokus darauf zu lenken, welche Gefühle die Beobachtungen jeweils in euch auslösen, kommt ihr einer Auseinandersetzung, die in die Verbindung führt, gleich sehr viel näher.

Schritt 2: Gefühle im Unterschied zu Gedanken und Interpretationen

> **!** Vorsicht bei den folgenden Gedankenmustern, in denen Gefühle mit Interpretationen und Gedanken verwechselt werden.

- *„Ich habe das Gefühl, dass du gar nicht mitbekommst, wie erschöpft ich bin."*
- *„Ich habe das Gefühl, dass du überhaupt nicht merkst, was ich hier alles mache."*
- *„Ich fühle mich von dir allein gelassen."*
- *„Ich fühle mich von dir nicht respektiert."*

Aussagen wie diese haben ihren Fokus nicht auf dem, was ich in diesem Moment körperlich spüre, sondern beschreiben, was ich darüber denke, was das Kind gerade tut oder nicht tut. Ich drücke meine Interpretation über sein Verhalten aus, bin also mit meinem Fokus beim Kind und nicht bei mir.

Wir sind alle mit dem Konzept von Schuld aufgewachsen: Wenn sich jemand schlecht fühlt, muss etwas oder jemand daran „Schuld" sein, was bedeutet, dass sich der Fokus sofort nach außen auf die andere Person richtet. Dieser Blick verhindert, dass ich den Schmerz, der sich hinter meinem Unbehagen verbirgt, wirklich spüre, ihm Raum gebe und ihm zuhöre. Ich vermute, nur wenige Menschen sind mit der Selbstverständlichkeit aufgewachsen, dass sie mit ihren Gefühlen willkommen sind und lernen, sie auszudrücken. Die meisten Menschen haben deshalb Muster entwickelt, sie lieber nicht zu spüren und verpacken einen Vorwurf in eine vermeintliche Ich-Botschaft: „Ich fühle mich (von dir) nicht unterstützt/geliebt/wertgeschätzt/ernstgenommen …"

In der Gewaltfreien Kommunikation sprechen wir hier von Pseudogefühlen. Und weil wir ungeübt darin sind, körperlich spürbare Gefühle zu benennen und auszudrücken, haben wir sehr schnell Formulierungen in Form von Pseudogefühlen im Kopf.

Daran ist nichts falsch; das klarzustellen ist mir wichtig. Hier geht es vielmehr darum, Pseudogefühle zu identifizieren: „Ah, ich fühle mich nicht ernst genommen" ist meine Interpretation über die andere Person. Wie fühle ich mich denn, wenn ich denke, dass die andere Person mich nicht ernst nimmt? Vielleicht merke ich, dass ich unsicher bin, mich allein fühle oder hilflos. All diese Adjektive bezeichnen körperlich spürbare Gefühle.

So ganz nebenbei servieren uns Pseudogefühle „auf dem Silbertablett" Hinweise, wonach wir uns eigentlich gerade sehnen: „Ich fühle mich nicht unterstützt" drückt aus, dass wir Unterstützung brauchen. „Ich fühle mich nicht gesehen" könnte bedeuten, dass wir Empathie brauchen, vielleicht auch Verbundenheit oder Gemeinschaft. Wie anders klingt es, anstelle von „Ich fühle mich nicht wertgeschätzt" zu sagen: „Ich brauche Wertschätzung"? Auf diese Weise übersetze ich Pseudogefühle und Vorwürfe in eine lebensdienliche Sprache.

Was ist ein Gefühl im Sinne der GFK? Woran erkennt man es? Grundsätzlich lassen sich all unsere Gefühle auf fünf grundlegende „Gefühlsqualitäten" reduzieren (vgl. Dittmar 2014): Wut, Trauer, Angst, Scham und Freude. In der Regel verwenden wir Adjektive, die beschreiben, was wir körperlich spüren, z.B.:

- Für die Qualität von Wut: wütend, ärgerlich, in Rage, sauer, genervt, irritiert …
- Für die Qualität von Trauer: traurig, bedrückt, beklommen
- Für die Qualität von Angst: ängstlich, besorgt, unsicher, hilflos
- Für die Qualität von Scham: beschämt, peinlich, befangen, gehemmt
- Für die Qualität von Freude: freudig, fröhlich, zufrieden

Besonders dann, wenn wir uns der Gewaltfreien Kommunikation erst Schritt für Schritt annähern und uns noch ungeübt langsam erlauben, unsere Gefühle wirklich zu spüren, erscheint es so, als würden sie im Moment des Empfindens stärker werden und als könnten sie uns überwältigen. Es ist gut, um dieses Phänomen zu wissen, denn wie leicht könnten wir sonst über ein Gefühl hinweggehen, weil wir uns nicht vorstellen können, dass es sich gerade dadurch beruhigt, dass wir es zulassen und ihm Raum geben. Die meisten Menschen wurden so sozialisiert, dass Freude das einzige „positive" und damit erstrebenswerte Gefühl ist, wohingegen alles, was mit Wut, Trauer, Angst und Scham zu tun hat, negativ und deshalb unerwünscht ist. Solche Gefühle sollten lieber nicht da sein.

Gefühle sind jedoch kein Gendefekt! Ich möchte deshalb alle Eltern ermutigen, sich ihrer Gefühlswelt zuzuwenden und sich sämtliche Gefühle einzugestehen – natürlich auch die, die man nicht als ganz so angenehm empfindet. Es gehört einfach zum Elternsein dazu, sich manchmal hilflos, erschöpft, besorgt, unsicher oder ärgerlich zu fühlen. Die GFK unterscheidet nicht zwischen „guten" und „schlechten" Gefühlen, sondern jedes Gefühl ist willkommen, weil es ein Ausdruck dessen ist, was in uns jetzt gerade lebendig ist. SO IST ES JETZT!

Wir brauchen ein wenig Übung darin, unsere Gefühle zu spüren und sie zu regulieren, unsere Angst vor ihnen zu verlieren und uns in unserer inneren Gefühlslandschaft zurechtzufinden. Wir können mehrere Gefühle gleichzeitig haben: Es ist möglich, tieftraurig in den Armen einer Freundin zu weinen und gleichzeitig voller Freude die dadurch entstehende Verbundenheit wahrzunehmen.

Ich erinnere mich gut daran, als mein Sohn das erste Mal voller Wut zu mir sagte: „Oh Mama, du bist so scheiße, echt!" Ich wurde selbst wütend, fühlte mich unsicher und hilflos UND ich spürte gleichzeitig eine unbändige Freude darüber, dass er mir das Vertrauen schenkte, sich mir mit seiner Wut und Verzweiflung voll und ganz zuzumuten. Ich hätte mich das in seinem Alter niemals getraut. Was für ein Vertrauen zeigte sich da in unserer Beziehung!

Gefühle wechseln von Moment zu Moment: Ich telefoniere in der Küche und bekomme nicht mit, wie meine zweijährige Tochter währenddessen im Wohnzimmer die Erde aus einem großen Blumentopf auf dem Teppich verteilt. Als ich nach dem Telefonat meine Tochter in einem Haufen Blumenerde sitzen sehe, spüre ich als Erstes Wut. Direkt danach Sorge, als ich sehe, dass ihr Mund voller Erde ist. Ich hole die Erde aus ihrem Mund und sie sagt „Mia Sand Mund hat", was mein Herz unmittelbar öffnet, und ich freue mich so über dieses Kind mit seinen Sprechversuchen. Was für eine lebendige Situation!

Gewaltfreie Kommunikation lernen heißt, in der ganzen Fülle fühlen zu lernen und uns damit authentisch wahrzunehmen. Wir lernen, unsere Gefühle als Sprache unseres Körpers zu verstehen, der damit signalisiert, was wir brauchen. Gefühle sind die Sprache unserer Bedürfnisse. Auch lernen wir, unsere Gefühle auszudrücken und uns mit ihnen zu zeigen.

Im Anhang (ab Seite 169) findest du eine Liste mit Begriffen für spürbare Gefühle jenseits von Interpretationen. Für die meisten Menschen ist es anfangs ungewohnt, diese Begriffe in ihrer Sprache zu verwenden. Ich höre häufig Äußerungen wie: „Ja, aber dann mache ich mich doch erst recht angreifbar“ oder „Dann zeige ich dem anderen ja meine Schwäche und der kann erst recht reinhauen“ oder auch: „Ja, aber dann fühlt sich der andere ja noch verantwortlicher für mich“ oder: „Ich kann doch unmöglich meinen Kindern zeigen, wie hilflos ich bin“.

Es geht niemals darum, unsere Gefühle isoliert als alleinige Information über uns auszudrücken, denn dann hätten sie tatsächlich den Charakter eines Appells. Sie sind Teil des Gesamtprozesses, und ob wir sie ausdrücken wollen, können wir je nach Situation entscheiden. Machen wir uns klar: Für unsere Kinder sind wir immer auch Modell. Wenn wir dazu beitragen möchten, dass sie lernen, ihre Gefühle und Emotionen zu regulieren und auszudrücken, dann sollten wir es selbst auch tun.

Vor Kurzem berichtete eine meiner Klientinnen, wie glücklich sie ist, dass sie in den letzten Jahren durch die GFK gelernt hat, ihre Gefühle wahrzunehmen UND sich ihren Kindern (13 und 15 Jahre alt) gegenüber mit ihren Gefühlen zu zeigen. Sie habe vor der GFK nie ein Bild gehabt, dass das überhaupt geht. Inzwischen sei eine sehr neue Qualität im Kontakt mit ihren Kindern entstanden, und sie könne auch den Gefühlen ihrer Kinder ganz anders begegnen.

Zurück zu unserem Beispiel:

Wie könnte sich Leas Mutter in dieser Situation gefühlt haben? Laut Lea ist sie müde und erschöpft gewesen.

Hinzu kommt: Marianne merkt, dass sie nicht damit einverstanden ist, dass Lea den Teller abstellt und die Küche verlässt. Dieser Impuls offenbart, dass sie auch eine Qualität von „unzufrieden“ oder „unruhig“ in sich gespürt haben könnte.

Für dich zur Übung: Wende dich nun wieder der Situation zu, für die du bereits die Beobachtung gefunden hast. Nimm gerne eine Liste mit Begriffen für Gefühle (siehe Anhang dieses Buchs) zur Hilfe und nimm dir Zeit, in dich hineinzufühlen:

- Welche Gefühle nimmst du bei dir in dieser Situation wahr?
- Was genau spürst du in deinem Körper, wenn du mit diesen Gefühlen verbunden bist?

Wenn du mehr als zwei oder drei Begriffe für deine Gefühle findest, fokussiere darauf, welche Gefühle am stärksten spürbar sind.

Schritt 3: Bedürfnisse im Unterschied zu Strategien und Wünschen

! Vorsicht bei den folgenden Aussagen, in denen Bedürfnisse mit konkreten Strategien oder Wünschen verwechselt werden.

- *„Lea, ich habe das Bedürfnis, dass du die Spülmaschine ausräumst.“*
- *„Lea, ich habe das Bedürfnis, dass wir die Küche zusammen aufräumen.“*
- *„Ich habe das Bedürfnis, dass ich heute Abend nicht mehr so viel machen muss.“*

Jetzt bitte gut aufpassen, denn an dieser Stelle passiert der Paradigmenwechsel hin zur vollen Selbstverantwortung für unsere Gefühle: Wir trennen Auslöser und Ursache für unsere Gefühle, indem wir das „WEIL“ verschieben:

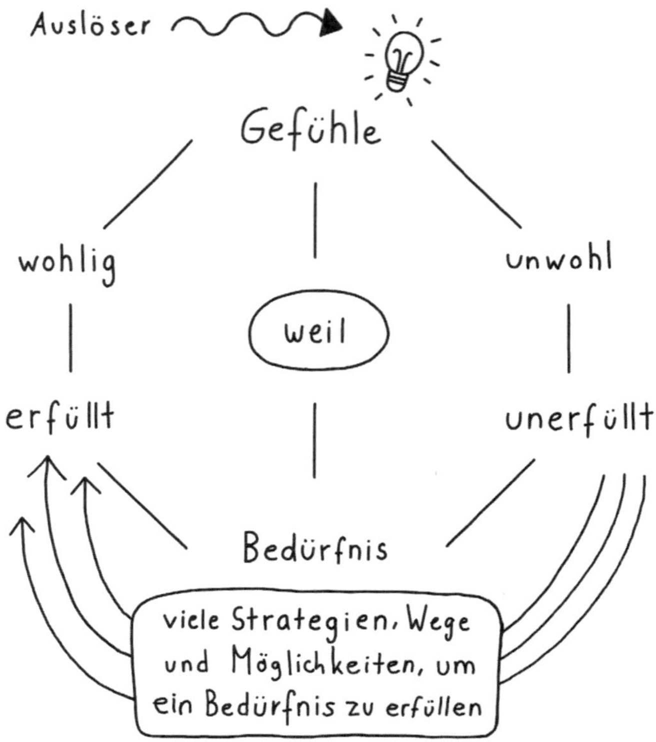

In unserer Kultur haben wir gelernt, dass sich das Wort „weil" zwischen dem Auslöser unseres Unbehagens und unseren Gefühlen verbirgt: *„Weil du einfach den Teller auf die Spülmaschine stellst und in dein Zimmer gehen willst, anstatt mir zu helfen, fühle ich mich so unglücklich und allein. Bitte hilf mir in der Küche, damit ich wieder glücklich bin."* Hier wird der Auslöser zur Ursache erklärt, wodurch der Fokus auf dem Verhalten der anderen Person bleibt. Sie soll ihr Verhalten ändern, damit es mir besser geht. Ich vermute, dass dir dieses Schema bekannt vorkommt?

In der GFK verschieben wir das „Weil", wir stellen es zwischen unsere Gefühle und unsere Bedürfnisse. Im weiteren Prozess der Selbstempathie könnte Leas Mutter beispielsweise folgende Bedürfnisse in sich entdeckt haben:

„Lea ist aufgestanden, hat ihren Teller auf die Spülmaschine gestellt und die Küchentür geöffnet. Ich merke, ich bin erschöpft und müde, weil ich ***Ruhe*** *und* ***Unterstützung*** *brauche.*

Auch bin ich unruhig und unzufrieden, weil ich mich nach ***Gemeinschaft*** *sehne und gerne in meinem Bedürfnis nach Ruhe und Unterstützung gesehen werden möchte."*

Die Ursache unserer Gefühle liegt in uns selbst. Unsere Bedürfnisse verursachen unsere Gefühle. Das können wir daran erkennen, dass die gleiche Situation zu unterschiedlichen Zeiten unterschiedliche Gefühle auslöst:

- Angenommen, Leas Mutter hatte einen entspannten Tag, hat mit viel Lust und guter Laune gekocht und mitbekommen, dass Lea genervt und erschöpft von der Schule gekommen ist. Im Außen passiert das Gleiche: Nach dem Essen stellt Lea ihren Teller auf die Spülmaschine und verlässt die Küche. Mit der gleichen Beobachtung im Außen würde Leas Mutter sich vermutlich ganz anders fühlen: Vielleicht freut sie sich, dass Lea sich jetzt Zeit für sich nimmt. Ihr Bedürfnis nach Fürsorge oder danach, zu Leas Wohlergehen beizutragen, wäre erfüllt.
- Vielleicht fragt sie sich, ob es Lea wirklich gut geht und ist besorgt. Das *könnte* darauf hinweisen, dass sie ein Bedürfnis nach Klarheit oder nach Verbindung hat.
- Wenn sie allein in der Küche sitzt und ihren Gedanken nachhängt, ist sie vielleicht traurig, weil sie an die Trennung von Leas Vater denkt. Möglicherweise sehnt sie sich nach Verbundenheit oder Gemeinschaft.
- Oder sie ist mit dem Gedanken verbunden, dass seit der Trennung hauptsächlich sie es ist, die den Alltag mit den Kindern bewältigt und fühlt sich allein. Ihr Bedürfnis könnte Unterstützung oder Gemeinschaft sein.
- Vielleicht ist sie mit Leas Schwester Clara in ein Gespräch verwickelt, registriert nur am Rande, wie Lea ihren Teller auf die Spülmaschine stellt und die Küche verlässt und spürt diesbezüglich gar keine Gefühlsregung.

Gefühle sind ein komplexes Geschehen und sie haben immer mehrere Auslöser. Zu der Situation, die sich offensichtlich äußerlich abspielt, kommen unsere Gedanken, unsere augenblickliche Verfassung, innere Haltungen sowie Überzeugungen und vieles mehr dazu. Unter all dem liegen unsere Bedürfnisse.

Was ist ein Bedürfnis im Sinne der GFK? Es ist ein universeller Begriff, der niemals an eine konkrete Person gebunden ist. Mit dem Benennen eines Bedürfnisses bringen wir zum Ausdruck, was wir brauchen, wonach wir uns sehnen, was uns wichtig ist oder worum es uns gerade geht – ganz allgemein und unabhängig von einer konkreten Person. Ein Bedürfnis wird mit einem Substantiv benannt.

In unserem Beispiel ist die Idee, dass Lea die Küche aufräumt, nur „eine Strategie“, nur eine Möglichkeit dafür, dass Marianne ihre Bedürfnisse nach Unterstützung, Ruhe und/oder Gemeinschaft erfüllt bekommt.

Eine weitere Strategie könnte sein, dass Marianne entscheidet, sich erst einmal auszuruhen, alles stehen zu lassen und erst später oder am nächsten Morgen die Küche aufzuräumen.

Sie könnte auch Lea fragen, ob sie bereit ist, am nächsten Tag dabei zu helfen, gemeinsam die Küche zu machen.

Außerdem gibt es ja noch eine weitere Mitbewohnerin und damit Potenzial für weitere Strategien. Vielleicht kommt zufällig Bärbel in die Küche und bietet ihre Unterstützung an. Oder Bärbel und Marianne vertiefen sich in ein Gespräch, das für diesen Augenblick so viel Gemeinschaft spürbar werden lässt, dass das Geschirr und die volle Spülmaschine für den Rest des Abends völlig nebensächlich werden.

Es gibt immer mehrere Strategien und nicht nur eine einzige, um ein Bedürfnis zu erfüllen. Diese Erkenntnis ist wichtig, denn sie macht uns unabhängig davon, dass unsere Kinder in diesem Moment genau das tun, was wir am liebsten hätten, damit wir uns wohlfühlen. Sie schafft Freiheit und einen Blick über den Tellerrand, wie unsere Bedürfnisse sich noch erfüllen könnten. An die Stelle von Kampf um ein gewünschtes

Verhalten treten Kreativität und gemeinsames Verhandeln um Strategien, die die Bedürfnisse aller Beteiligten im Blick haben.

Oft reicht es übrigens schon, wenn wir erleben, in unseren Bedürfnissen gesehen und gehört zu werden. Allein das schafft Entspannung und Entlastung.

Mit dem Schritt, uns unserer Bedürfnisse bewusst zu werden und sie zu formulieren, drücken wir automatisch aus, wo wir hin wollen. Die Anwendung der Gewaltfreien Kommunikation verhindert, sich in endlosen Geschichten auszubreiten über das, was nicht gut läuft oder im Mangelzustand ist. Stattdessen schauen wir nach vorne und beschreiben, wonach wir uns sehnen. Weil Bedürfnisse universell sind – alle Menschen auf der Welt kennen dieselben Bedürfnisse –, laden wir mit dieser Art der Kommunikation andere Menschen ein, mitzufühlen, was gerade in uns lebendig ist. An dieser Stelle bekommt eine der Grundannahmen der GFK eine besondere Bedeutung:

Grundsätzlich trägt jeder Mensch das Bedürfnis in sich, sich an der Erfüllung der Bedürfnisse anderer Menschen zu beteiligen. Menschen sind bereit zu kooperieren, wenn sie vertrauen können, dass sie in ihren eigenen Bedürfnissen gesehen und gehört werden.

Wenn andere Menschen mitfühlen können, welches unsere unerfüllten Bedürfnisse sind, ist die Wahrscheinlichkeit sehr viel höher, dass sie Lust bekommen, uns zu helfen, die Bedürfnisse zu erfüllen. Sie können „andocken“ an das, was wir brauchen, weil sie das Bedürfnis selbst kennen. Wenn sie grundsätzlich darum wissen, dass sie freiwillig zur Erfüllung unserer Bedürfnisse beitragen dürfen, werden Widerstand und Rebellion hinfällig.

Das trifft übrigens schon auf sehr kleine Kinder zu: Mein „Wohnenkel“ war etwa 18 Monate alt und besuchte mich des Öfteren in meinem Büro, was für mich jedes Mal eine erfreuliche Abwechslung war. Dort wiederholte sich über einen längeren Zeitraum mehrmals die folgende Situation:

Er stürmte auf das Regal zu, in dem die Patronen für meinen Drucker lagen. Weil ich schon wusste, dass er am liebsten mit den Druckerpatronen spielen wollte, hatte ich daneben eine Schachtel gelegt, die mit „kinderfreundlichen" Dingen gefüllt war (Flaschenöffner, Murmeln, ein Löffel). Er stürmte also zum Regal und griff als Erstes zu den Druckerpatronen. Ich schaute ihn an und sagte: „Du, die brauche ich noch und ich hätte so gern, dass sie heile bleiben. Legst du sie bitte wieder in das Regal zurück?" Ausnahmslos legte er sie jedes Mal in das Regal zurück, nahm sich die andere Schachtel und erfreute sich daran, sie aufzubekommen, die Dinge aus- und wieder hineinzupacken. Diese kurzen Momente hatten eine ganz eigene Magie, wir waren in voller Präsenz in Augenkontakt und hatten Freude aneinander. Mein Eindruck war tatsächlich, dass er mit Freude die Patronen wieder in das Fach zurücklegte.

Und fällt dir etwas auf? Ich habe gar nicht das Wort „nein" gebraucht.

Im Anhang findest du eine Liste mit Begriffen für Bedürfnisse, die du gerne zur Hilfe nehmen kannst, denn jetzt ist Zeit zum Üben:

- Wenn du an die Situation denkst, für die du schon eine Beobachtung gefunden und in der du deine Gefühle entdeckt hast:
  Was genau brauchst du? Welche Bedürfnisse sind hier nicht erfüllt? Wonach sehnt es dich?

Schritt 4: Eine Bitte im Unterschied zu frommen Wünschen und Forderungen

Laut Marshall Rosenberg (2002) ist die Bitte eine Chance, im Wechselspiel von Geben und Nehmen auszudrücken, womit jemand unser Leben bereichern kann.

> **!** Doch Vorsicht bei den folgenden Aussagen, in denen eine konkrete Bitte mit „frommen Wünschen" oder Forderungen verwechselt wird.

- *„Ich möchte, dass du dich mehr am Haushalt beteiligst. Okay?"*
- *„Bitte respektiere, dass ich gerade so müde und erschöpft bin."*
- *„Bitte sei nicht so rücksichtslos."*

Wenn mein Sohn Sätze dieser Art von mir gehört hat, war seine regelmäßige Antwort: „Mach ich doch!" Und ja, aus seiner Sicht beteiligte er sich am Haushalt, und er behauptete auch, meine Müdigkeit zu respektieren. Nur leider nicht mit den konkreten Strategien, die ich mir gewünscht hätte. Eine Bitte, die nicht klar, konkret und positiv formuliert ausdrückt, was ich gerne hätte, womit mein Kind zur Erfüllung meiner Bedürfnisse beitragen kann, ist ein frommer Wunsch. Fromme Wünsche schaffen Verwirrung, weil sie dazu einladen, dass Sender und Empfänger ganz verschiedene Bilder davon haben, wie die konkrete Handlung aussehen könnte. Der Sender wundert sich, dass er nicht bekommt, worum er gebeten hat. Der Empfänger wundert sich ebenfalls, denn er kommt der Bitte ja auf seine Weise nach, was der Sender jedoch nicht bemerkt, weil er etwas anderes erwartet.

Eine Bitte im Sinne der GFK erfüllt folgende Kriterien: Sie ist …

- konkret,
- machbar,
- positiv formuliert und
- im Hier und Jetzt beantwortbar.

Als ersten Schritt könnte Leas Mutter entscheiden, sich ihr Bedürfnis nach Gemeinschaft zu erfüllen, indem sie die Entscheidung trifft, sich Lea gegenüber zu offenbaren und ihr mitzuteilen, wie es ihr gerade geht und was sie am liebsten erleben würde.

Im zweiten Schritt könnte sie sich klar machen, in welcher Weise Lea dazu beitragen kann, dass sich ihre Bedürfnisse nach Ruhe und Unterstützung erfüllen. Eine Bitte an Lea könnte beispielsweise so aussehen:

„Am liebsten wäre mir, wenn du heute Abend noch die Spülmaschine ausräumst und die Küche machst. Ist das okay für dich?"

Hier sind alle Kriterien erfüllt. Der Zusatz „Ist das okay für dich?" lädt Lea ein, hier und jetzt in sich hineinzuspüren, ob das wirklich okay für sie ist: Kann sie der Bitte in Stimmigkeit mit ihren Bedürfnissen nachkommen oder passt sie nicht zu den Bedürfnissen, die gerade in ihr lebendig sind?

Sagt sie „ja", so haben Mutter und Tochter ein Commitment, eine Vereinbarung.

Sagt sie „nein", merkt ihre Mutter spätestens an dieser Stelle, ob es eine Bitte oder vielleicht doch eine Forderung war.

Bitte versus Forderung

Eine Bitte im Sinne der GFK setzt beim Gegenüber Freiwilligkeit voraus. Das bedeutet: Wenn das Kind die Bitte verneint, respektieren wir das „Nein" und achten damit die Bedürfnisse des Kindes, die offensichtlich nicht dazu passen, unsere Bitte zu erfüllen.

Sehr oft höre ich in meinen Seminaren Folgendes: „Ja und dann? Nun drücke ich mich doch schon ‚richtig' aus, und dann sagt mein Kind auch noch nein! Was mache ich denn dann, damit das Kind tut, was ich sage?" Eine solche Haltung bedeutet, dass wir davon ausgehen, dass unser Kind unsere Bitte zu erfüllen hat. Und wenn wir ehrlich sind, bitten wir dann nicht, sondern wir fordern etwas.

Ich möchte am liebsten einen wirklich frommen Wunsch an alle Eltern aussprechen: „Bitte, bitte passt auf, niemals eine Forderung in das Kleid einer Bitte zu verpacken!" Das Kind kann nicht mehr erkennen, wenn wir tatsächlich eine Bitte meinen, sondern es wird bei jeder Bitte eine Forderung hören, denn – und das ist das Dilemma – das Kind verinnerlicht, dass es nie wirklich eine Wahl hat. Deshalb braucht es unbedingte Klarheit, wenn wir eine Forderung meinen.

In einer bewusst geäußerten Forderung im Sinne der GFK zeigt sich die beschützende Anwendung von Macht. Darauf werde ich im folgenden Abschnitt (ab Seite 77) noch näher eingehen.

Zurück zu Leas Beispiel:

Marianne beobachtet, dass Lea ihren Teller auf die Spülmaschine stellt und nun im Begriff ist, die Küche zu verlassen. Sie fühlt sich müde und erschöpft, sehnt sich nach Ruhe, Unterstützung und Gemeinschaft und würde damit gerne mit Lea in Kontakt kommen. Im Moment hätte sie am liebsten, dass Lea jetzt die Spülmaschine ausräumt.

Im nächsten Teilprozess in der Kommunikation, dem **Selbstausdruck,** könnte sie also an Lea eine vollständige **Bitte in den vier Schritten der GFK** formulieren, in der sie sich (1.) auf die Beobachtung bezieht, (2.) ihre Gefühle benennt, (3.) ihre Bedürfnisse preisgibt und (4.) ihre konkrete Bitte äußert. Die gute Frage ist nun, um was konkret Marianne Lea bitten möchte.

In der GFK unterscheiden wir zwischen drei verschiedenen Formen einer Bitte:

1. **Die Handlungsbitte:** Sie bezieht sich konkret auf die Handlung, die wir am liebsten von unserem Kind hätten. Leas Mutter könnte also formulieren:
   „Du Lea, du stellst gerade deinen Teller auf die volle Spülmaschine und willst die Küche verlassen. Puh, ich merke, wie erschöpft und müde ich von meinem Tag bin und dass ich Ruhe und Unterstützung brauche. Bist du bereit, die Spülmaschine auszuräumen, bevor du hochgehst?"
   Nun ist es an Lea zu prüfen, welche Impulse in ihr wach werden, also ob sie die Bereitschaft hat oder nicht.
2. **Die Beziehungsbitte:** Sie bezieht sich darauf, wie es unserem Gegenüber mit dem geht, was wir zum Ausdruck gebracht haben. Was hat das Gesagte bei unserem Gegenüber ausgelöst?
   In Leas Beispiel könnte ihre Mutter die Handlungsbitte mit einer Beziehungsbitte verbinden und sie in folgender Weise formulieren:
   „Du Lea, du hast gerade deinen Teller auf die volle Spülmaschine gestellt und willst hochgehen. Puh, ich merke, wie erschöpft und müde ich von meinem Tag bin und wie dringend ich Ruhe und Unterstützung brauche. Bist du bereit, die Spülmaschine auszuräumen, bevor du hoch gehst? Und magst du mir sagen, wie das für dich ist, wenn du das hörst?"

Oder alternativ: Beziehungsbitte ohne Handlungsbitte:
„Du Lea, du hast gerade deinen Teller auf die volle Spülmaschine gestellt und willst hochgehen. Puh, ich merke, wie erschöpft und müde ich von meinem Tag bin und wie dringend ich Ruhe und Unterstützung brauche. Magst du mir sagen, wie es dir gerade geht?“
Mit der Beziehungsbitte bringen wir unsere Bereitschaft zum Ausdruck, der anderen Person zuzuhören und neugierig für das zu sein, was sie in diesem Moment bewegt. Das bedeutet, wir öffnen den Raum, um ihr empathisch zu begegnen und unsere Präsenz zu schenken. Auf diese Weise können alle Beteiligten ihre Bedürfnisse in den Blick nehmen und nach Lösungen suchen, die für alle stimmig sind.

3. **Die Bitte um Wiedergabe:** Sie bezieht sich darauf, ob das, was wir ausdrücken wollen, auch tatsächlich bei der zuhörenden Person so angekommen ist.
Angenommen, Lea reagiert auf die Bitte ihrer Mutter in etwa so:
„Ach manno, immer muss ich das machen, ich mach doch eh schon so viel, nie muss Clara …“,
dann könnte Leas Mutter eine Bitte um Wiedergabe stellen:
„Du wart mal, Lea, kannst du bitte nochmal sagen, was bei dir angekommen ist von dem, was ich gerade ausgedrückt habe?“
Oder: *„Kannst du nochmal sagen, was du gerade gehört hast?“*
So könnte beispielsweise deutlich werden, dass Lea tatsächlich eine Forderung gehört hat. Marianne könnte noch einmal deutlich machen, dass sie wirklich eine Bitte gemeint hat.

Jetzt taucht natürlich wieder die Frage auf: „Ja, und was mache ich, wenn mein Kind (‚doch immer‘) nein sagt?“

Was wir an dieser Stelle für ein gleichwertiges und respektvolles Miteinander unbedingt brauchen, ist die Fähigkeit der Empathie. Wenn unser Kind nein sagt, dann heißt das: Seine Bedürfnisse passen nicht dazu, unsere Bitte zu erfüllen. Wenn wir miteinander in Verbindung kommen wollen, ist es an dieser Stelle also sinnvoll, empathisch auf das Kind zu reagieren. Das bedeutet, neugierig darauf zu sein, welche Bedürfnisse bei unserem Kind gerade lebendig sind.

Bevor ich jedoch darauf zu sprechen komme, wie die Gewaltfreie Kommunikation Empathie versteht und wie wir auf Augenhöhe miteinander in Verhandlung kommen, möchte ich auf das Prinzip der beschützenden Macht eingehen.

Beschützende Macht versus bestrafende Macht

Kriterien für die Anwendung beschützender Macht sind:

- Es ist keine Zeit da für Kommunikation und eine Auseinandersetzung.
- Das Verhalten des Kindes ist für es selbst oder für andere schädlich oder gefährlich.
- Das Kind verweigert sich jeglicher Kommunikation, nichts geht mehr.

In jeder Eltern-Kind-Beziehung gibt es Situationen, in denen wir tatsächlich keine Bitte, sondern eine Forderung meinen, etwa dann, wenn wir aus der Erwachsenensicht Konsequenzen erkennen, die das Kind nicht überblicken kann. Denken wir beispielsweise an das Zähneputzen, das in vielen Familien das Potenzial für ein allabendliches Streitszenario birgt.

Vielleicht ist es schon sehr spät. Es ist keine Zeit oder keine emotionale Kapazität mehr da für weitere Auseinandersetzungen. Wir wollen das Kind davor schützen, dass die Zähne krank werden, weil wir wissen, welche Folgen das haben kann. Vielleicht sehnen wir uns aber vor allem endlich nach einer Ruhepause.

Besteht Klarheit darüber, dass wir in diesem Moment wirklich eine Forderung meinen und damit dem Kind keine Wahlfreiheit mehr zugestehen, ist es wichtig, unsere Bedürfnisse auszudrücken, die wir mit dem Zähneputzen verbinden. Genauso wichtig ist es, im Blick zu haben und zu benennen, welche Bedürfnisse wir beim Kind vermuten: Warum ist es gerade nicht bereit, seine Zähne zu putzen?

- Vielleicht möchte es weiterspielen, weil das Spiel gerade so anregend ist und super viel Spaß macht.
- Vielleicht möchte es selbst entscheiden, wann es die Zähne putzt.
- Vielleicht hat es am Tag wenig Zeit mit Mama und/oder Papa gehabt und möchte noch Nähe und Verbundenheit erleben.
- Vielleicht ist es aufgekratzt und gar nicht müde und braucht noch Zeit und Strategien, um zur Ruhe zu kommen.

Das sind doch alles gute und nachvollziehbare Gründe. Je einfühlsamer wir die Bedürfnisse unseres Kindes wahrnehmen, je besser wir mitfühlen und sie ausdrücken können und je offener wir uns mit unseren Bedürfnissen zeigen, umso größer ist die Wahrscheinlichkeit, dass wir die Situation auch mit unserer Forderung in Verbundenheit und ohne Kampf bewältigen.

Gelingt das nicht, wollen die meisten Eltern, dass die Zähne trotzdem geputzt werden.

Also üben wir Macht aus, um das Kind zum Zähneputzen zu bringen. Worin aber liegt nun der Unterschied zwischen einer bestrafenden und einer beschützenden Form der Macht?

Der Unterschied liegt darin, was wir in diesem Moment über das Kind denken. Bestrafende Macht urteilt: Das Verhalten des Kindes ist falsch oder böse, es muss für das leiden, was es getan oder nicht getan hat. Bestrafende Macht soll Angst und Scham auslösen und „schlechte Gefühle“ einimpfen, die bewirken, dass das Kind sich wie gewünscht verhält oder sein Verhalten nicht wiederholt.

Bestrafende Macht soll Gehorsam erzeugen, aus der Überzeugung heraus, dass das Kind nur so motiviert ist zu tun, was wir wollen. Wir beeinflussen das Verhalten des Kindes, indem wir mit Strafen oder Konsequenzen drohen oder Erpressungsversuche unternehmen („*Nur wenn du…, dann darfst du …*“)

In der beschützenden Anwendung von Macht sind wir auf Bedürfnisse fokussiert, mit der Absicht zu schützen: Wir schützen das Kind vor der eigenen Selbstüberschätzung, indem wir ihm mit einer klaren Sprache

unsere Grenze aufzeigen. Dabei kommunizieren wir deutlich in einer dem Alter des Kindes angemessenen Sprache, welche Bedürfnisse für uns in diesem Moment im Fokus stehen und was aus unserer Sicht jetzt zu tun ist. In gleicher Weise drücken wir aus, welche Gefühle und Bedürfnisse wir sehen, die beim Kind gerade unerfüllt bleiben.

Wir formulieren klar, dass jetzt die Zähne geputzt werden.

Immer wieder höre ich von Eltern, dass es im Alltag mit ihrem Kind darauf hinausläuft, dass sie das Kind schließlich gegen seinen Willen festhalten und ihm die Zähne putzen, weil die Situation nicht anders zu bewältigen sei. Wir müssen uns klar machen, dass in diesem Fall das „Macht-über-Prinzip" ausgeübt wird, das Kind absolut die Augenhöhe verliert und sich ohnmächtig erlebt.

Es handelt sich auf keinen Fall um eine empfehlenswerte Maßnahme, sondern es stellt eine Eskalation dar, wie sie von Eltern oft beschrieben wird. Niemand möchte das, und doch bin ich sicher, dass alle Eltern ähnliche Situationen mehr oder weniger bestens kennen.

Machen wir uns Folgendes klar: Eskaliert eine Situation so weit, entsteht in diesem Moment ein Bruch in der Verbindung. In der Regel fühlen wir uns selbst unwohl mit dem Verlauf, und vielleicht brauchen auch wir ein unterstützendes Ohr. In jedem Fall ist es wichtig, unsere Verantwortung für die Verbindung in den Fokus zu nehmen und zu einem späteren Zeitpunkt, wenn sich die Situation beruhigt hat, mit dem Kind in Ruhe darüber zu sprechen: Was genau ist passiert? Was war los? Wie hast du, Kind, dich gefühlt? Was hättest du viel lieber erlebt?

Wie habe ich mich als Mutter/Vater gefühlt? Worum ging es mir mit meinem Verhalten?

Wäre mein Kind eine erwachsene Person, wäre es mit großer Wahrscheinlichkeit ganz natürlich, dass ich mein Mitgefühl ausdrücke, indem ich sage: „Das tut mir leid." In einer liebevollen Beziehung auf Augenhöhe zu sein bedeutet, unserem Kind in gleicher Weise unser Mitgefühl zum Ausdruck zu bringen: „Was gestern passiert ist, war schlimm für dich. Das sehe ich und das tut mir leid!" Wir können gemeinsam nach

Lösungen für die Zukunft suchen: *„Ich möchte, dass wir beide ganz viel dafür tun, dass das nicht mehr passiert. Hast du eine Idee, wie das Zähneputzen schöner werden könnte für uns beide?"*

Auf diese Weise sind wir Modell für ein wohlwollendes, soziales Miteinander, üben Schamkompetenz und zeigen damit, was es braucht, um wieder in liebevolle Verbundenheit zu kommen.

Auch Lea hat etwas zum Thema beschützende Macht beizutragen:

Als meine Mutter beschützende Macht anwendete

Als ich ungefähr sieben Jahre alt war, war es endlich so weit: Meine Eltern fingen an, mir die Harry-Potter-Bücher vorzulesen. Nach den ersten beiden Büchern schauten wir auch gemeinsam die Verfilmungen an. Ich, schon immer eine große Leseratte, war hellauf begeistert von beidem, den Büchern und den Filmen. Das abendliche Gucken war jedes Mal etwas Besonderes für mich. Ein Abend voller Aufregung und Gemeinschaft. So freute ich mich nach Beendigung des dritten Teils wahnsinnig, nun auch diesen Film gucken zu können.

Ich erinnere mich noch genau daran: Es ist abends. Aufgeregt laufe ich zum Schrank, ziehe die DVD hervor und laufe freudestrahlend zu meiner Mutter. Doch sie nimmt sie mir aus der Hand und sagt: „Ich möchte nicht, dass du diesen Film jetzt schon guckst. Das ist mir einfach noch zu früh."

Ich bin bitter enttäuscht und will mich nicht geschlagen geben. Ich weine, ich tobe, ich flehe. Nichts hilft. Am Ende werfe ich mich zutiefst gefrustet und traurig auf unser Sofa. Meine Mutter setzt sich neben mich, streichelt mir den Rücken und lässt mich traurig sein. „Ich weiß, dass du jetzt ganz enttäuscht bist, weil du dich schon so auf den Film gefreut hast", sagt sie, „und gleichzeitig gibt es in diesem Film Szenen, denen ich dich einfach noch nicht aussetzen will". Ich gucke sie böse an und grummle nur: „Aber das Buch durfte ich doch auch lesen!" „Ich verstehe, dass das verwirrend für dich ist. Ich bin der Überzeugung, dass dein Gehirn dir, wenn du liest, nur Bilder in den Kopf setzt, die du vertragen kannst. Bei einem Film ist das aber nicht so, und ich habe Sorge, dass du danach viel Angst haben wirst. Deswegen ist es mir wichtig, dass wir damit noch eine Weile warten."

Ich weiß heute gar nicht mehr genau, wann ich den Film schließlich sehen durfte, aber es dauerte noch eine Weile. Auch, wenn ich nach der Erklärung meiner Mutter immer noch wütend und enttäuscht war und mich auch heute noch lebendig an meinen Frust erinnern kann, konnte ich ihre Entscheidung dann doch besser verstehen.

Als ich mir viele Jahre später als Erwachsene den Film noch einmal anschaute, dachte ich: „Oh Gott, das ist ja wirklich krass. Jetzt verstehe ich, dass ich das damals nicht gucken durfte." Rückblickend bin ich meiner Mutter also wirklich dankbar dafür, dass sie mich damals davor geschützt hat. Ich war sowieso eher zart besaitet und kann mir heute gut vorstellen, dass mir dieser Film wirklich zu schaffen gemacht hätte.

Der Preis der Anwendung bestrafender Macht

Wenn Kinder häufig erleben, dass sie keine Wahl haben, wenn von ihnen möglicherweise sogar unter Androhung von Strafen oder Konsequenzen ein konkretes Verhalten eingefordert wird und sie mit ihren Bedürfnissen nicht vorkommen, werden sie mit großer Wahrscheinlichkeit auch unsere Bitten nicht von Herzen erfüllen. Sie haben nur zwei Möglichkeiten: Sie folgen aus Angst, unsere Liebe zu verlieren, oder sie rebellieren – still oder offen. Sie verlieren ihre intrinsische Motivation und Kooperationsbereitschaft.

In den meisten Familien sind die Themen um die Mithilfe der Kinder im Haushalt ein Dauerbrennerkonflikt. Oft haben wir einseitige und konkrete Bilder davon, welche Rolle wir unseren Kindern in Bezug auf Sauberkeit und Ordnung im Haushalt zuweisen. Innere Überzeugungen im Sinne von „Das müssen Kinder doch lernen!" oder „Wie sollen sie denn als Erwachsene zurechtkommen?" machen es uns schwer, auf Forderungen mit Androhung von Konsequenzen zu verzichten. Wir haben es ja selbst nicht anders kennengelernt. Selten fragen wir uns, welches Bedürfnis in uns denn eigentlich lebendig ist, zu dessen Erfüllung unsere Kinder beitragen sollen.

Und selten fragen wir sie, was sie sich vorstellen können, im Haushalt zu übernehmen.

Hier wird sehr offensichtlich, inwieweit wir unseren Kindern wirklich den gleichen Respekt entgegenbringen wie erwachsenen Menschen. Wenn beispielsweise eine Freundin zu Besuch ist und sich nicht am Haushalt beteiligt, würden wir sie niemals so zurechtweisen, wie wir das mit unseren Kindern tun. Studien zeigen, dass Kinder, die viele Forderungen und Zurechtweisungen hören, weniger Bereitschaft haben, den Anweisungen der Eltern zu folgen als Kinder, die Respekt für ihre Bedürfnisse und Wahlfreiheit erleben.

„Es kann uns gelingen, Kinder zu zwingen, etwas zu tun. Es kann uns nicht gelingen, Kinder dazu zu zwingen, etwas tun zu wollen!“ (Kohn, 2018, S. 64).

Die Empathieforschung bestätigt, dass Kinder grundsätzlich gern zum Leben anderer beitragen. Was es dafür braucht, ist, sie als gleichwertige Menschen ernst zu nehmen und grundlegend davon auszugehen, dass ihre Bedürfnisse den gleichen Wert haben wie unsere eigenen.

Wie wäre es, gemeinsam mit den Kindern in regelmäßigen Abständen Familienkonferenzen oder Familienräte zu gestalten, in denen Austausch auf Augenhöhe darüber passiert, was es im Haushalt zu tun gibt und wer auf welche Tätigkeiten oder Ämter Lust hat? So kommen alle Familienmitglieder zu Wort und gemeinsame Vereinbarungen können getroffen werden. Wenn Vereinbarungen nicht funktionieren, kann man gemeinsam nach guten Gründen dafür suchen und neue Ideen sammeln.

Wenn du magst, stell dir gern folgende Fragen:

- Welche Gesetze oder Regeln erinnerst du, die in deiner Kindheit galten?
- Wie sinnvoll fandest du sie als Kind?
- Wie sinnvoll findest du sie heute?

- Welche Konsequenzen erinnerst du, wenn du Regeln nicht eingehalten hast?
- Wie hast du dich mit der Reaktion der Erwachsenen gefühlt?

Wie geht Wertschätzung ohne Belohnung und Lob?

Wie ich schon im Abschnitt „Das kulturell geprägte Bild vom Kind“ (Seite 35) beschrieben habe, sind bei näherem Hinsehen auch Lob und Belohnung eine Form des „Macht-über-Prinzips“. In dem Moment, in dem ich zu meinem Kind sage: „Das ist gut, was du gemacht hast“, drücke ich mein Urteil aus. Damit unterstelle ich, dass ich weiß, was allgemeingültig gut oder schlecht ist.

In der Gewaltfreien Kommunikation üben wir, unsere Wertschätzung und Dankbarkeit auf uns selbst als Person bezogen auszudrücken. Was genau tut eine Person, das mein Leben bereichert hat und für das ich dankbar bin? Welche Bedeutung hat diese Handlung für mich? Ich formuliere also meine Beobachtung, meine Gefühle und die Bedürfnisse, die durch die Handlung erfüllt sind. Anstelle der Bitte kommt mein „Danke!“

Mit viel höherer Wahrscheinlichkeit löst diese Form des Ausdrucks Verbundenheit auf Augenhöhe und Berührung aus.

Das könnte beispielsweise in den vier Schritten der GFK so aussehen:

„Hey, liebe Lea, dass du mich vor zwei Jahren eingeladen hast, gemeinsam dieses Buchprojekt zu starten, freut und berührt mich echt total, weil ich dadurch so viel Wärme, Nähe, Motivation und Ermutigung erlebe. Dafür möchte ich dir heute mal ein ganz, ganz großes Danke sagen!“

Natürlich würde ich mich einem Kleinkind gegenüber so nicht ausdrücken, sondern meine Botschaft kürzer und einfacher verpacken. Im Kontakt mit Kindern ertappe ich mich selbst, dass ich als Ausdruck meiner Freude und Dankbarkeit oft Worte verwende wie „Hey super, wie schön, dass du das geschafft hast!“ oder „Ja, super, da freue ich mich ganz dolle!“.

Es sind nicht die vier Schritte, die eine Botschaft gewaltfrei machen. Es geht um unsere Intention, für unsere Gefühle und in diesem Fall für die erfüllten Bedürfnisse Worte zu finden, die ein Kind erreichen und die es auch verstehen kann.

Der Schlüssel für die Verbindung zu unseren Kindern: Empathie im Sinne der Gewaltfreien Kommunikation

Empathie ist Einfühlung. Es geht um einfühlsames Verständnis und Mitgefühl für unser Gegenüber – oder auch für uns selbst. Letzteres wäre der Prozess Selbstempathie: Wir entwickeln für uns selbst Mitgefühl, indem wir unseren Gefühlen und Bedürfnissen auf die Spur kommen und anerkennen, was gerade in uns lebendig ist. Genauso können wir für ein Gegenüber Mitgefühl entwickeln und mit ihm in Verbindung kommen. Und das ist nicht nur in eher ruhigen, ausgeglichenen Gefühlslagen möglich, sondern sogar dann, wenn beispielsweise ein Kind wütend tobt, schreit oder uns heftig beschimpft.

Für mich ist die Empathie, wie die Gewaltfreie Kommunikation sie versteht, der wichtigste Schlüssel für gelingende Beziehungen mit unseren Kindern. Das Lernen dieser Art der Begegnung ist für die meisten Menschen etwas ganz Neues. Es eröffnet sich dadurch eine Qualität von Verständnis und Tiefe in der Verbindung zu uns und unseren Kindern, wie wir sie selbst vermutlich nur selten in unserer Kindheit erlebt haben.

Was Empathie *nicht* ist

Damit verständlicher wird, wie Empathie im Sinne der Gewaltfreien Kommunikation gemeint ist, möchte ich zuallererst verdeutlichen, was sie jedenfalls NICHT ist. Oft erlebe ich, dass Eltern und Erzieher*innen denken, sie handeln empathisch. Wenn ich jedoch Interaktionen zwischen ihnen und Kindern beobachte, fällt mir auf, dass sie unter Empathie etwas anderes verstehen. So bedeutet beispielsweise freundlich zu sein noch lange nicht, empathisch zu sein. Wir können mit offensichtlicher Freundlichkeit sehr gewaltvoll auf ein Kind eingehen, obwohl unsere Absicht eine empathische ist. Das passiert beispielsweise, wenn wir ungefragt unseren Kindern die Welt erklären, bevor sie wirklich in dem gehört wurden, was ihnen gerade wichtig ist. Ebenso verhält es sich, wenn wir in guter Absicht den Schmerz, den ein Kind ausdrückt, zu beschwichtigen versuchen.

Ein Beispiel: Ein Kind fällt hin und verletzt sich leicht am Knie. Das Kind weint, es braucht Trost und Zuwendung. Eine klassische Reaktion, wie ich sie häufig erlebe, ist: „Och, das ist ja gar nicht so schlimm." „Da musst du gar nicht weinen. Das wird ganz schnell wieder besser." Diese Reaktion kann sehr empathisch gemeint sein. Allerdings ist die Wahrscheinlichkeit sehr hoch, dass das Kind folgende Botschaft darin **hört**: „Dein Weinen ist nicht angemessen. Der Schmerz, den du gerade ausdrückst, ist gar nicht so groß, wie du ihn empfindest. Jetzt stell dich nicht so an …"

Wir sprechen dem Kind ab, dass es den Schmerz, den es zum Ausdruck bringt, wirklich empfindet. Aber warum reagieren wir so? Eine Möglichkeit könnte die sein, dass wir den Schmerz, den das Kind gerade zum Ausdruck bringt, selbst nicht aushalten können. Vielleicht ist uns das Weinen zu laut oder wir wollen uns nicht darauf einlassen, wie weh das dem Kind gerade tut. Wir wollen das Kind möglichst schnell beruhigen, damit es möglichst schnell aufhört zu weinen.

Eine solche Reaktion ist nicht falsch, aber sie ist auch nicht empathisch. Das Kind wird sehr schnell merken, ob du mit deiner Empathie bei ihm bist.

Einfühlung hat kein Ziel. Oft höre ich Eltern sagen: „Ich war ja ganz empathisch, aber es hat nicht funktioniert. Mein Kind hat nicht aufgehört zu weinen." Es geht niemals darum, dass Einfühlung „funktionieren" muss. Sie ist keine Manipulationsstrategie dafür, dass die Gefühle meines Gegenübers verschwinden und Ruhe einkehrt.

Was Empathie *ist*

Für mich ist Empathie eine Haltung, eine Ausrichtung meiner Aufmerksamkeit. Ich gebe meinem Gegenüber Raum, sich auszudrücken und bin mit offener Neugier und meiner Präsenz ganz da, während ich mich selbst mit meinen inneren Bildern, Gedanken, Ratschlägen oder eigenen Erlebnissen für diesen Moment zurücknehme.

Das kann auch ohne Worte passieren. Insbesondere kleine Kinder nehmen winzigste Signale wahr: Schon unsere Mimik, Gestik und Körperhaltung signalisieren dem Kind, wie offen und wie sehr wir ihm zugewandt sind. Blickkontakt, Stimme und Sprechtempo zeigen dem Kind, ob wir entspannt und neugierig auf das Kind zugehen und es mit seinem Erleben und seinen Gefühlen, Wünschen und Bedürfnissen willkommen heißen und all das (aus)halten wollen und können.

Verständnis ist nicht Einverständnis

Mit Einfühlung wollen wir Verbundenheit herstellen. Dafür ist es nicht notwendig, dass das, was das Kind ausdrückt oder mit uns will, für uns stimmig sein muss. Auch wenn ich ganz und gar nicht mit dem einverstanden bin, was ich von meinem Kind höre, kann ich einfühlend und empathisch zuhören.

Wenn du ähnlich sozialisiert bist wie ich und dein Kind lautstark seinen Frust zum Ausdruck bringt, ist die Wahrscheinlichkeit sehr groß, dass du die Worte als „gegen dich gerichtet“ hörst. Der erste Impuls ist eine Stressreaktion, eine spontane Erwiderung, vielleicht in Form eines Gegenangriffs oder einer „erzieherischen Korrektur“: „Jetzt reiß dich mal zusammen!“ „So geht das doch nicht!“ oder „Das ist respektlos!“.

Es ist ein großer Schritt, in einem solchen Moment etwas anderes zu wagen: Sich für die Kraft des einfühlenden Verstehens zu entscheiden!

Vor Empathie: Immer Selbsteinfühlung

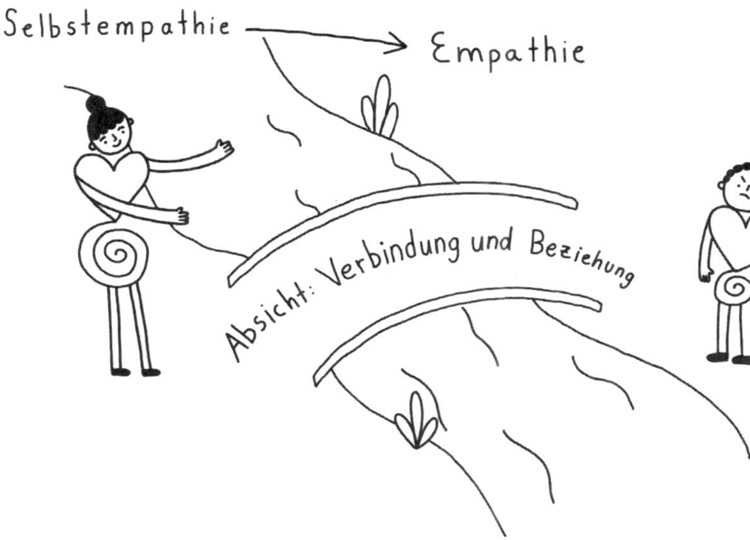

Nehmen wir an, das Kind tobt wütend und beschimpft uns. Das lässt vermutlich niemanden „kalt", und die in uns selbst aufkommende emotionale Reaktion will unbedingt als Erstes bewältigt werden.

Der erste Schritt ist also Selbstempathie, das Einfühlen in uns selbst:

Was passiert da gerade in mir? Was fühle ich in diesem Moment?

Wichtig: Diese Gefühle gehören zu mir und ich darf sie haben!

Vielleicht brauche ich die Fähigkeit, meine Gefühle zu regulieren, wenn sie sehr heftig sind. Das gilt vor allem dann, wenn es sich um eine emotionale Reaktion handelt, die alten Mustern entstammt und die sich hier gerade entlädt. Es ist wichtig, unterscheiden zu lernen, dass emotionale Reaktionen in meiner eigenen Geschichte begründet und durch die Situation im Hier und Jetzt nur ausgelöst sind. Sie gehören nicht zu meinem Kind!

Was genau brauche ich jetzt gerade?

Wichtig: Alle meine jetzt lebendigen Bedürfnisse gehören zu mir und ich darf sie haben!

Wenn ich in einer emotionalen Reaktion stecke, brauche ich mit großer Wahrscheinlichkeit so etwas wie Wertschätzung für mich selbst, die Würdigung der Heftigkeit meiner Gefühle und ihrer guten Gründe (die in meiner Biografie liegen), meiner Möglichkeiten und meiner Grenzen. Für die Erfüllung dieser Bedürfnisse ist niemals mein Kind zuständig! Solche Impulse zu regulieren obliegt allein mir!

Wie ich meine Impulse reguliere

Ich möchte dir gerne erzählen, was zu meiner Lieblingsstrategie geworden ist, wenn ich emotional getriggert bin und merke, wie dringend ich selbst in diesem Moment Respekt, Achtung und Wertschätzung brauche. Ich nutze eine ganz einfache Sequenz aus ROMPC®, einer Methode zur Stressbewältigung durch Meridianklopfen:

In der Bewusstheit, dass mein Kind nicht für meine Gefühle und Bedürfnisse verantwortlich ist, lege ich, je nach Situation in Gedanken oder tatsächlich, meine rechte Hand auf mein Herz, atme tief ein und langsam wieder aus und spüre, wie ich selbst mit meiner Hand Verbindung zu meinem Herzen aufnehme. Anschließend sage ich still zu mir selbst:

„Ich erkenne an, dass ich gerade diese Gefühle in mir habe und akzeptiere mich damit voll und ganz. Ich weiß, dass ich im Rahmen meiner Möglichkeiten und Grenzen das Beste tue. Ich bin richtig so, wie ich bin."

Wichtig: Ich muss das nicht wirklich glauben. Trotzdem kann ich das zu mir selbst sagen, und es beruhigt gerade dann, wenn ich weiß, dass ich es nicht glauben muss.

Danach stelle ich mir vor, wie es sich anfühlt, wenn mein Bedürfnis nach Wertschätzung und Anerkennung erfüllt ist und lege dabei meine Hand auf das Brustbein. Dieser Bereich ist in der Theorie des Meridianklopfens ein Punkt, der mich ausrichtet auf das, zu dem ich hin will und der Mut macht. Nach einem bewussten, tiefen Atemzug fühle ich mich tatsächlich oft entspannter und kann meinen Fokus verändern.

Mit etwas Übung kann ich mich auf diese Weise in ein bis zwei Atemzügen in mich selbst einfühlen und die Verbindung mit den in mir lebendigen Gefühlen und Bedürfnissen aufnehmen. Ich kann meine Bereitschaft checken, ob ich mich für mein Kind empathisch öffnen möchte und kann, und mich dafür entscheiden, auf diese Weise für unsere Verbindung zu sorgen.

Wichtig ist, dass du eine für dich passende Strategie findest, dich in emotional aufgeladenen Situationen selbst zu beruhigen. Marianne wird uns beispielsweise noch erzählen, dass sie sich eines Tages entschieden hat, jeder Reaktion ihrer Kinder, die ihr nicht gefällt, ganz grundlegend mit Wertschätzung zu begegnen. Bevor sie reagierte, nahm sie sich Zeit, sich ganz bewusst mit ihrer Liebe zu ihrem Kind zu verbinden und beispielsweise so etwas wie „Clara, mein Engel" zu sagen, bevor sie weitersprach.

Angriff, Aggressivität und Vorwurf als tragischer Ausdruck unerfüllter Bedürfnisse

Unserem Kind empathisch zu begegnen bedeutet, dass wir ganz grundsätzlich anerkennen: Unser Kind tut gerade nichts anderes, als seine Not, seine Gefühle und Bedürfnisse zum Ausdruck zu bringen. Wenn wir uns dessen bewusst sind, bewirkt das eine Entspannung in uns. Wenn wir den Fokus unserer Aufmerksamkeit darauf lenken, welche Gefühle und Bedürfnisse sich hinter dem Ausdruck des Kindes verbergen könnten, entsteht Mitgefühl, denn wir selbst kennen diese Gefühle und Bedürfnisse sehr genau. Wir wissen, wie sich der Schmerz in Situationen anfühlte, in denen wir selbst hilflos waren und nicht gehört wurden; wenn wir selbst entscheiden wollten, aber Erwachsene das nicht zugelassen haben.

Wenn wir eine Idee haben, welche Gefühle und Bedürfnisse das Kind gerade zum Ausdruck bringt, können wir sie benennen. Wichtig ist jedoch, dass wir es in der Haltung tun, dass wir nie genau wissen, was in unserem Gegenüber lebendig ist. Wir können nur vermuten, der Experte für sich selbst ist das Kind. Das bedeutet, dass wir unsere Vermutungen immer als Frage formulieren, sodass unser Gegenüber spüren kann, ob die Formulierung sein Erleben trifft. So kann das Kind unsere Vermutung mit seinem Erleben abgleichen und ggf. seine eigenen Ausdrücke dafür finden. In jedem Fall hilft unsere Vermutung dem Kind, für sich herauszubekommen, was es gerade fühlt und braucht.

Dafür müssen Kinder übrigens noch nicht sprechen können. Sie spüren sehr genau, wenn wir ihren Schmerz einfühlend beantworten und präsent für sie da sind.

Ein Beispiel:

Ich besuchte meine Patentochter Ina und ihre zweijährige Tochter, wir verbrachten gemeinsam Zeit auf einem Spielplatz mit einer Freundin und ihrem gleichaltrigen Sohn Tim. Die Freundin wollte gemeinsam mit ihrem Sohn einkaufen gehen und verabschiedete sich. Das war für Inas Tochter offensichtlich sehr schlimm, denn sie begann laut, wütend und verzweifelt zu schreien und wollte, dass der Junge bei uns bleibt. Die Freundin sagte Sätze wie: „Wir müssen noch einkaufen, wir brauchen ja was zu essen. Später könnt ihr ja wieder miteinander spielen, aber jetzt geht das nicht …“ Das beruhigte die Kleine überhaupt nicht.

Ina nahm Blickkontakt mit ihrer Tochter auf und drückte in Kindersprache das aus, was sie vermutete, was gerade in ihrer Tochter lebendig war: „Der Tim ist ein richtig guter Freund von dir und du möchtest so gerne weiter mit ihm spielen, nicht wahr?“ Ihre Tochter nickte bejahend. „Du bist richtig verzweifelt, weil du so gerne jetzt mit Tim zusammen sein möchtest, nicht wahr?“ Ihre Tochter wurde still, schaute zu Tim und sagte leise: „Da, Tim, pielen.“ Ina: „Ja, du spielst so gerne mit Tim, der ist echt dein Freund, nicht wahr?“ „Ja“. Sie kuschelte sich in Inas Arm und weinte ein wenig. Ina fand Worte wie: „Und jetzt bist du ganz traurig, hmm?“ „Ja“. Nach ein paar Schluchzern und kurze Zeit später entdeckte sie ein anderes Kind auf dem Spielplatz und sagte: „Da, Kind!“ Sie löste sich von ihrer Mutter und lief zu dem anderen Kind.

Inas Tochter erlebte in dieser Situation, dass sie gesehen, gehört, angenommen und in ihrem Erleben bestätigt wurde. Damit wurden ihre grundlegenden Beziehungsbedürfnisse erfüllt.

Ähnliche Erfahrungen haben auch Lea durch ihre Kindheit getragen. Sie kennt es nicht anders, als dass ihre Gefühle und Bedürfnisse von Anfang an gesehen und beantwortet wurden, auch wenn sie sich heute nicht mehr in Bildern und Gedanken daran erinnern kann.

Die größte Herausforderung, wenn wir unseren Kindern empathisch begegnen wollen, liegt aus meiner Sicht darin, Gefühle nicht „wegmachen" zu wollen, sondern einfach da zu sein und den Gefühlen, die sich in mir und in meinem Kind zeigen, in der Haltung zu begegnen, dass sie da sein dürfen. Nonverbale Botschaften könnten sein: „Ich bleibe bei dir, auch wenn du wütend bist" oder „Auch wenn du ‚nein' sagst, bleibe ich bei dir".

UND ich darf so etwas denken wie: „Boah, für mich ist das jetzt hier super anstrengend, am liebsten möchte ich draufhauen oder wegrennen." Solche Gedanken und Impulse darf ich haben, ohne dass ich sie ausagieren muss.

Es geht nicht mehr darum, dass sich das Kind in gewünschter Weise verhält, sondern darum, in Beziehung zu kommen mit dem, was gerade passiert und was damit an Gefühlen und Bedürfnissen in unserem Kind ausgelöst wird. Als Erwachsene schenken wir dem Kind für diesen Moment unsere ungeteilte, einfühlende Aufmerksamkeit.

Ein wichtiger Nachsatz: Oft höre ich von Eltern die Befürchtung: *„Aber wenn ich laut ausdrücke, was mein Kind sich gerade am liebsten wünscht, denkt es dann nicht sofort, dass ich es auch erfülle?"* Diese Befürchtung führt dazu, dass Eltern ihr Mitgefühl lieber nicht ausdrücken, was sehr schade ist. Nein, wir müssen gar keine Wünsche oder Bedürfnisse erfüllen, nur weil wir ihnen Worte geben. Es reicht, in seinen Bedürfnissen erst einmal gehört zu werden.

Wenn ein Mensch – egal ob groß oder klein – erlebt, dass er gehört wird, beruhigt sich sein Stresssystem. Er wird offen für das, was in anderen passiert und kann seine Aufmerksamkeit anschließend dorthin lenken.

Du kannst dir selbst folgende Fragen stellen:

- Wie empathisch und einfühlsam hast du dein Elternhaus erlebt? Hast du beispielsweise erlebt, dass dir zugehört wurde, wenn du mit etwas nicht einverstanden warst?
- An welche Personen erinnerst du dich, die dir einfühlsam zugehört haben?
- Wenn du an diese Personen denkst, wie fühlt sich das jetzt an?

Und was mache ich jetzt, wenn mein Kind „Nein" sagt?

1. Atmen,
2. Selbstempathie und
3. mach dir klar: Ein „Nein" ist immer der Anfang eines Dialogs.

Das Nein unseres Kindes bedeutet nicht mehr und nicht weniger als: „Für mich stimmt es gerade nicht, deine Bitte zu erfüllen, weil meine Bedürfnisse in diesem Moment nicht zu deiner Bitte passen, und auch meine Bedürfnisse wollen gesehen werden."

Die Kunst ist, das Nein unseres Kind nicht als „gegen uns gerichtet" zu interpretieren, sondern es als Ausdruck eines „Ja" zu den eigenen Bedürfnissen zu verstehen. Es macht also viel Sinn, den Bedürfnissen, die in diesem Moment der Motor in unserem Kind sind, auf die Spur zu kommen: Für was setzt sich unser Kind gerade ein? Was ist ihm gerade lieber, als meine Bitte zu erfüllen?

„Sagst du „nein", weil dir das Spielen gerade so viel Spaß macht?"

„Möchtest du gerade viel lieber deine Ruhe haben und xy machen?"

„Hast du gerade gar keinen Bock auf Aufräumen und möchtest viel lieber weiterspielen?“

Je kleiner die Kinder sind, umso wichtiger ist es, dass wir anstelle offener Fragen wie „Was brauchst du denn gerade?“ lieber unsere konkreten Vermutungen über ihre Gefühle und Bedürfnisse zur Verfügung stellen. Vor allem in Situationen, in denen Kinder emotional geladen sind, würde eine offene Frage sie überfordern und den Stress vergrößern. Weiterhin ist es wichtig, uns in unserer Sprache unserem Kind anzupassen, indem wir beispielsweise kurze Sätze wählen und anstelle abstrakter Bedürfnisworte lieber umschreiben, wozu das Kind gerade „ja“ sagt, wenn es „nein“ sagt.

Wenn das Kind erlebt, gehört worden zu sein und bereit ist, uns zuzuhören, fassen wir zusammen, was wir von ihm gehört haben und fügen unsere Gefühle, Bedürfnisse und Lieblingsstrategien dazu.

Um uns einer Lösung zu nähern, könnten wir anschließend die Bitte stellen: „Hast du eine Idee, was wir jetzt machen können?“

Also ehrlich gesagt: Die Ideen meiner Kinder haben mich oftmals sehr überrascht! Kinder entwickeln an einer solchen Stelle eine Kreativität, die wir häufig unterschätzen. Auf diese Weise können wir gemeinsam Lösungen finden, auf die wir allein nicht gekommen wären.

Fragen für dich:

- Was löst die Idee in dir aus, auf ein „Nein“ deines Kindes mit Empathie zu reagieren?
- Wenn du in dir Widerstände und „Ja-Abers“ entdeckst, was genau ist deine Sorge?
- Was kann dich dabei unterstützen, auf dein Kind empathisch zu antworten?

Jetzt ist wieder Lea dran, mit einer Erfahrung zum Thema Empathie:

Als ich fast eine Pfadfinderin geworden wäre

Als ich 13 Jahre alt war, kam meine Mutter auf die Idee, mich zu einer Pfadfindergruppe zu schicken. Ich vermute, dass sie mir damit auch zu mehr Zugehörigkeit in Göttingen verhelfen wollte. Eine Zeit lang ging ich zu den Treffen der Gruppe, auch wenn mir das jedes Mal schwerfiel. Ich war als Kind eher zurückhaltend und fand es nicht leicht, mich in die Gruppe einzufinden. Ich erinnere mich noch, wie Mama mich damals ermutigt hat, dranzubleiben und weiter hinzugehen. Ich glaube, das war auch oft genau das, was ich brauchte: Ermutigung, mich zu zeigen und für mich einzustehen.

Ich meldete mich dann sogar für einen Pfingstausflug an. Das bedeutete: Mehrere Tage mit der Gruppe unterwegs sein. Draußen schlafen. Neu und ungewiss. Aufregend. Ich weiß noch genau, wie ich mich von dem Moment der Anmeldung an mit mir selbst plagte. Auf der einen Seite wollte ich es unbedingt schaffen, dort hinzugehen. Ich wollte Teil der Gruppe sein, wollte neue Freundinnen finden. Auf der anderen Seite machte es mir eine riesengroße Angst. Allein ohne Menschen, die ich gut kenne und dann auch noch über Nacht und ohne die Möglichkeit, schnell wieder zu Hause zu sein. Doch auch hier ermutigte meine Mutter mich. Sagte mir, dass sie verstehe, dass ich unsicher wäre und dass es dennoch eine tolle Chance sein könnte.

Dann kam der Tag des Ausflugs. Wir fuhren mit dem Auto dorthin und als wir ankamen, weinte ich nur noch und sagte: „Ich will da nicht hin!“. Mama schaute mich an und schien zu verstehen, dass es mir zu viel Angst machte. Und anstatt nun weiter darauf zu beharren, dass ich hingehen solle, nickte sie nur und meinte: „Wenn du wirklich nicht willst, dann musst du nicht. Das ist okay.“ Ich ging wirklich nicht hin. Auf der einen Seite schämte ich mich dafür, es nicht geschafft zu haben. Auf der anderen Seite war ich einfach erleichtert.

Wenn ich an diese Situation denke, denke ich daran, wie schwierig das wohl für meine Mutter war. Sie hat sicherlich so viel Gutes in dieser Gruppe gesehen und sich so sehr für mich gewünscht, dass ich dort ankomme. Bestimmt wäre es ihr am liebsten gewesen, wenn ich zu dem

Treffen gegangen wäre. Sie wollte mich so gerne darin unterstützen, selbstbewusster zu werden. Doch als sie sah, wie schwer ich mich mit diesem Gedanken tat, war sie dennoch bereit, von ihren Lieblingsstrategien und ihren Vorstellungen abzurücken. Sie hatte mich im Blick. Ich musste nicht gehen, nur weil meine Mutter das wollte. Auch, wenn ich mir rückblickend manchmal gewünscht hätte, ich wäre damals doch gegangen, weiß ich noch genau, wie wichtig es damals für mich war zu erleben: Ich bin im Blick und ich werde nicht gezwungen.

Dazu eine Ergänzung von Bärbel aus ihrem Gespräch mit Marianne:

In der Reflexion dieser Situation vermutet Lea schon, dass diese Situation für ihre Mutter bestimmt nicht ganz leicht war. Marianne sagt dazu: „Zuerst war ich frustriert und sauer. Ich hatte durchaus so Gedanken wie: *‚Ach Mensch, Mädel, jetzt stell dich doch nicht so an‘ und einen Haufen Bewertungen in meinem Kopf wie: ‚Das muss doch zu schaffen sein.‘ Aber ich wusste auch, dass ich Lea nicht die Verantwortung für meinen Frust aufdrücken wollte. Mir war wichtig, ihr mit Empathie zu begegnen, und so konnte ich sehen, dass der Ausflug für Lea in diesem Moment überfordernd war. Dadurch war es mir möglich mitzutragen, dass sie den Ausflug nicht mitmachte.“*

Wie Stress uns daran hindert, die liebenden Eltern zu sein, die wir sein wollen

Soweit die Theorie. Doch selbst dann, wenn wir alle Schritte der GFK verstanden haben und üben, sie zu verinnerlichen, passieren Situationen, in denen wir unsere alten Muster abspulen und uns auf eine Weise verhalten, wie wir das nie wollten. Ich erinnere mich an verschiedene Situationen, in denen mein Sohn nicht so wollte, wie ich es mir gewünscht hätte und wir heftig aneinandergerieten. In diesen Stresssituationen habe ich teilweise mit den gleichen Worten geschimpft, die meine Mutter schon gebraucht hatte. Das Tragische war, dass ein Teil von mir sogar mitbekommen hat, was ich gerade tue. Ich hatte Gedanken wie „Oh Gott, so wollte ich doch niemals sein!“. Gleichzeitig fand ich in diesen Momenten aus meiner Schimpftirade nicht heraus, als ob es keinen Ausgang gäbe. Ich war wie darin gefangen: Das Kind soll mich doch endlich hören und verstehen.

In vielen Gesprächen haben mir Eltern verzweifelt von ganz ähnlichen Situationen berichtet. Wie kann das sein, dass wir mit all der Liebe für unsere Kinder in unserem Herzen und trotz allen Wissens und Wollens doch immer wieder in solchen Schleifen landen?

So sehr, wie unsere Kinder uns tiefste Liebe spüren lassen, so sehr geraten wir auch im Umgang mit ihnen an bzw. über unsere Grenzen. Was passiert da eigentlich?

Die Erklärung ist einfach und doch nicht banal: Wir sind Menschen, und wir haben evolutionsbedingt alte Areale im Gehirn, die jenseits unserer Kognition funktionieren und dazu da sind, unser Überleben zu sichern. Dazu gehören das Stammhirn und das limbische System. Mit den Prozessen, die sich in diesen Gehirnarealen abspielen, unterscheiden wir uns nicht wesentlich von unseren animalischen Vorfahren. Sehr vereinfacht können wir uns den Ablauf so vorstellen:

Wenn eine Situation in uns einen Stress auslöst, der für uns in diesem Moment zu groß ist, reagieren wir automatisiert aus diesen alten Hirnarealen heraus. Es ist wichtig zu verstehen, dass die Reaktion erfolgt, bevor wir denken und bewusst entscheiden können. In dieser Sekunde haben wir keinen Zugang zu unserer Kognition, wir können nicht mehr auf Verstand, Denken und Bewusstheit zurückgreifen. Es ist, als wenn ein Feuermelder anspringt und eine sofortige Reaktion hervorruft. Der Raum zwischen Reiz und Reaktion, in dem wir eine Entscheidung treffen könnten, ist nicht mehr vorhanden. Die vegetativ ausgeschütteten Stresshormone bewirken automatisierte, archaische Reaktionsmuster im Sinne von Angriff, Flucht oder Erstarren. Das passiert auch dann, wenn die stressauslösenden Faktoren keineswegs existenziell bedrohlich sind. Wenn der Stress zu groß ist, kann unser limbisches System das nicht mehr unterscheiden.

Wenn der limbische Teil unseres Gehirns davon ausgeht, dass die Chance groß ist, die Auseinandersetzung mit „dem Gegner" bewältigen und gewinnen zu können, wählt er als erstes die Variante „Angriff". Der Gegner ist in diesem Fall unser Kind. Meinungsverschiedenheiten werden als Kampf interpretiert, der – komme, was da wolle – gewonnen werden muss. Wir reagieren laut, gereizt und aggressiv mit Schuldvorwürfen und Beschimpfungen. In der weiteren Eskalation erfolgt eine regelrechte Entladung, die in keinem Verhältnis mehr zum ursprünglichen Auslöser steht. Mit zunehmendem Tunnelblick spulen wir ein Verhalten ab, das seinen Ursprung in nicht verarbeiteten Ereignissen der Vergangenheit hat, die in unserem emotionalen Gedächtnis gespeichert sind.

Erscheint für unser limbisches System „die Übermacht des Gegners" zu gewaltig, entscheidet es sich für Flucht oder Starre. Diese Reaktion zeigt sich beispielsweise in Situationen, in denen Eltern aufgegeben haben, sich mit ihrem Kind über bestimmte Themen auseinanderzusetzen. Sie denken, dass es ja eh keinen Sinn mehr macht, weil das Kind vermeintlich zu stark ist, sie dem nicht gewachsen sind und sie ihre Bedürfnisse sowieso hintenanstellen müssen.

Diese Erklärung soll keineswegs alles Verhalten von Eltern in diesem Sinne entschuldigen oder rechtfertigen. Vielmehr möchte ich wachrütteln und verdeutlichen, was passiert, wenn wir als Eltern an unsere Grenzen kommen und nicht gelernt haben, uns selbst zu reflektieren und gut für uns zu sorgen. Diese Dynamiken sind ein absolutes Alarmsignal, das zeigt, dass wir selbst in Not sind und Entlastung, Ruhe oder Unterstützung brauchen. Stress mindert in erheblichem Maße die Fähigkeit, Liebe und Empathie für unsere Kinder zu empfinden. Merken wir eine erhöhte Reizbarkeit und fehlende Energie, so sind das wichtige Indikatoren dafür. Wir Erwachsenen sind verantwortlich für die Qualität der Beziehung zu unseren Kindern, wir gestalten den Rahmen und beeinflussen maßgeblich die Atmosphäre, in der unsere Kinder aufwachsen.

Deshalb sind wir es unseren Kindern schuldig, unser Verhalten zu reflektieren, indem wir automatisierte Mechanismen aufdecken und sie uns eingestehen. Wenn wir als Eltern in alte Muster fallen, brauchen wir selbst Unterstützung und viel Einfühlung dafür, weil Mutter oder Vater zu sein einfach manchmal verdammt anstrengend ist. Dass wir wieder ins Gleichgewicht kommen, dafür sind nicht unsere Kinder, sondern wir selbst verantwortlich.

Es nützt niemandem etwas, wenn wir uns selbst verurteilen. Erheblich sinnvoller ist es, aus Situationen, in denen wir nicht in der Lage waren, unseren Kindern Verständnis entgegenzubringen oder uns selbst mit unseren Bedürfnissen ehrlich auszudrücken, zu lernen.

Lasst uns Räume schaffen, in denen Eltern sich gegenseitig unterstützen und austauschen, empathisch begleiten, lernen und wachsen.

Damit wir die liebevollen Eltern sein können, die wir sein wollen.

4. Aufgewachsen mit Gewaltfreier Kommunikation – Leas Kindheit

In den folgenden Abschnitten beschreibe ich die aus meiner Sicht wichtigsten und entscheidenden Phasen der frühen Kindheit, an die Lea selbst sich natürlich nicht erinnern kann. Dabei beziehe ich mich auf entwicklungspsychologische Erkenntnisse und auf Erzählungen ihrer Mutter. Mein Fokus wird sein, in welcher Form die GFK in diesen Phasen hilfreich und unterstützend ist. Leas Eltern wussten vermutlich nicht viel mehr über Entwicklungspsychologie und Kleinkindpädagogik als andere junge Eltern. Aber durch die GFK hatten sie wichtiges Handwerkszeug, mit mehr Sicherheit einfühlend, liebevoll und klar mit ihren Kindern in Beziehung zu gehen, sodass Lea heute sagen kann: „Ich hatte immer das Vertrauen, dass ich mit meinen Bedürfnissen wichtig bin und gehört werde."

Wie die GFK schon vor der Geburt wirksam wurde

Ich habe Leas Mutter für dieses Buch interviewt und sie erzählte mir, dass schon ihre eigene Kindheit von Wertschätzung und einem humanistischen Menschenbild geprägt war. In ihrem Elternhaus hat sie Unterstützung, Ermutigung und ein liebevolles Auf-sie-Eingehen erlebt. Sie berichtet: *„Da war die GFK mehr wie eine Bestätigung und hat mir Worte dafür gegeben, wie ich diese Haltung in der Sprache umsetzen kann."* Allerdings sei sie als Kind viel mehr auf Leistung geprägt worden, und das habe sie mit ihren Kindern anders machen wollen. Auch seien in ihrer Kindheit bestimmte Gefühle nicht gewünscht gewesen. *„Die GFK hat uns als Eltern geholfen, unseren Kindern die Botschaft zu vermitteln: ‚Du bist okay, so wie du bist, und du musst nicht etwas leisten dafür, dass* *du liebenswert bist.' Oder: ‚Du musst nicht nett sein', sondern ‚es ist okay, wie du dich fühlst'.“*

Schon vor Leas Geburt beschäftigten sich Markus und Marianne im Rahmen einer Mediationsausbildung mit der Gewaltfreien Kommunikation. Marianne sagt dazu: *„Durch die GFK haben wir uns tatsächlich viel besser kennengelernt. Wir haben gelernt zu verstehen, warum wir in welcher Weise reagieren und waren in vielen Situationen nicht mehr so ratlos.“* Die GFK war wie ein Leitfaden für sie, an dem sie sich orientieren konnten, um die guten Absichten hinter einem Verhalten zu sehen, was ganz grundsätzlich zu ihrem wertschätzenden Menschenbild passte.

Für die Schwangerschaft mit Lea bedeutete das, dem Kind, das in ihr heranwuchs, von Anfang an mit Akzeptanz, Respekt und Wertschätzung zu begegnen: *„Da kommt ein Wesen, das an sich perfekt ist, genau so, wie es ist. Diesem Wesen wollten wir die bestmöglichen Bedingungen ermöglichen, damit es sich gut entwickelt.“*

Ich denke, das würden nahezu alle werdenden Eltern ähnlich formulieren. Meine Vermutung ist, dass sich die meisten Eltern mit ihren Entscheidungen in Bezug auf Schwangerschaft, Geburt und Elternschaft in erster Linie an dem orientieren, was gerade von anderen Menschen, Freund*innen oder Expert*innen empfohlen wird. Zusätzlich zu diesen Informationen und Empfehlungen anderer unterstützt die GFK durch den Aspekt der Selbstempathie, genau hinzuschauen: Was davon stimmt für uns und was nicht? Das hilft, uns mit unserer Intuition und unseren Bedürfnissen sehr ernst zu nehmen. Wir lernen, Entscheidungen in voller Selbstverantwortung zu treffen, soweit das eben möglich ist.

So berichtet Marianne: *„Dass wir uns für eine Hausgeburt entschieden haben, hatte vor allem damit zu tun, dass ich nicht in einer Umgebung sein wollte, wo mir andere sagen, was ich jetzt tun muss. Die GFK hat viel dazu beigetragen, dass ich mir selbst überhaupt zugestehe, dass ich bestimmte Dinge brauche, dass ich sie auch brauchen darf und für mich sorgen darf. Ich wollte, dass mein Kind in einer Umgebung auf die Welt kommt, wo es diesen respektvollen und achtsamen Umgang von Anfang an erfährt.“*

Für Leas Eltern stand also im Vordergrund, während der Geburt möglichst selbstbestimmt zu bleiben. Diesen Aspekt sahen sie mit einer Hausgeburt am ehesten erfüllt. Für andere Eltern können natürlich ganz andere Aspekte wichtiger sein, die andere Entscheidungen zur Folge haben, jenseits von richtig und falsch. Im Fokus steht jeweils, was für mich als Individuum in dieser Situation in Übereinstimmung mit meinen Bedürfnissen passend ist.

Das Leben mit einem Baby

Wenn ein Kind auf die Welt kommt, bedeutet das: Von einem Moment zum anderen ist nichts mehr so, wie es war. Für die Eltern nicht und auch nicht für das Kind.

Mit der Geburt hat ein Baby eine enorme Umstellung zu bewältigen. Die „Rundumversorgung im Mutterleib“ fällt weg, es ist plötzlich mit Kälte, Licht, lauteren Geräuschen und vor allem Hunger konfrontiert. Jedes andere Säugetier kann schon recht bald nach der Geburt laufen und sich eigenständig zur Mutter hinbewegen, um sich dort mit Nahrung zu versorgen. Ein menschliches Neugeborenes ist in diesem Sinne eine Frühgeburt. Es braucht weiterhin einen „sozialen Uterus“ und ist absolut abhängig von seinen Eltern und der Umwelt, in die es hineingeboren wird. Für eine gute Entwicklung ist es wichtig, dass seine Bezugspersonen die Bereitschaft haben, seine Bedürfnisse zu erkennen und zu erfüllen.

Das neugeborene Baby hat ein tiefes Bedürfnis nach Geborgenheit und Sicherheit, es braucht Wärme, Halt, Nahrung, Stimulierung, Schutz und eine Umgebung grundsätzlicher Wertschätzung und Liebe, um sich in eine vertrauensvolle Bindung zu entwickeln. Wie gut das gelingt, hat großen Einfluss auf sein ganzes Leben.

Durch die Säuglingsforschung weiß man heute, dass Neugeborene bemerkenswerte Fähigkeiten mitbringen, um die Aufmerksamkeit und Fürsorge der Eltern auszulösen. Von Anfang an gestalten sie die

Interaktion mit ihren Bezugspersonen aktiv mit. So erleben versorgende Bezugspersonen das Geschenk bedingungsloser Nähe.

Sich in ihrem Tagesablauf auf das Baby einzustellen und sich darauf einzulassen, dessen Bedürfnisse vorneanzustellen und zu befriedigen ist für die Eltern eine riesige Herausforderung. Nächtliche Störungen und Schlafmangel sowie ein vollkommen anderer Tagesablauf – all das ist anstrengend. Deshalb sind eine gesunde Selbstfürsorge und ein Blick auf die eigenen Bedürfnisse nicht verzichtbar.

Als Lea auf der Welt war, war für ihre Eltern klar, dass jeder Ausdruck ihres Kindes ein Ausdruck erfüllter oder unerfüllter Bedürfnisse ist. Ihr Selbstverständnis war, Lea in ihren Bedürfnissen zu sehen und zu beantworten. Im Abschnitt „Das kulturell geprägte ‚Bild vom Kind'" (Seite 31) bin ich darauf eingegangen, dass diese Haltung durchaus nicht selbstverständlich ist und warum manche Eltern es oft schwer haben, sie im Alltag besonders in anstrengenden Situationen umzusetzen. Damit es gelingen kann, bedürfnisorientiert für das Kind da zu sein, braucht es unbedingt die Fähigkeit, als Eltern gut auf sich selbst zu achten und die eigenen Bedürfnisse im Blick zu haben.

Dazu Leas Mutter: *„Gerade im ersten Lebensjahr von Lea war für mich die Selbstempathie besonders wichtig, weil es ja oft darum ging, nicht genug Schlaf zu bekommen, wenn das Kind schrie. Das hat mich immer wieder an meine Grenzen gebracht. Anstatt mich dann in irgendwelche blöden Gedankenkarusselle hineinzuschrauben wie: ‚Das macht sie jetzt, um mich zu ärgern' oder sie sei blöd oder böse oder ‚das hört jetzt nie mehr auf', habe ich versucht herauszufinden, wie es mir in diesem Moment geht und mich gefragt: ‚Wie fühle ich mich – was brauche ich?' Allein das hat schon Ruhe in die Situation gebracht und mir ermöglicht, mich in das Kind hineinzuversetzen: Das Schreien hat jetzt einen guten Grund. Was könnte los sein? Und natürlich war auch ich manchmal am Rand meiner Geduld und wollte nur noch meine Ruhe."*

Es ist klar, dass keine Mutter, kein Vater zu jeder Zeit perfekt auf alle Bedürfnisse des Kindes eingehen kann. Wenn jedoch der Umgang mit dem Kind vom Grundsatz her und überwiegend einfühlsam und liebevoll ist, lernt das Kind, dass seine Umgebung ihm gegenüber wohlgesonnen ist und seine Bedürfnisse wichtig sind. Es wird vertrauensvoll auf die Umwelt zugehen und sie zuversichtlich erkunden.

Gewaltfrei sprechen mit einem Baby?

Von Anfang an können wir empathisch auf das Baby eingehen, und zwar nicht nur, indem wir seine körperlichen Bedürfnisse befriedigen, sondern wir können auch über unsere Gestik und Sprache mit ihm in Kontakt gehen. Die Wickelsituation ist bestens dafür geeignet, dem Baby unsere volle Aufmerksamkeit zu schenken. Wir können seine Laute aufnehmen, nachahmen und aussprechen, was wir vermuten, was das Baby uns gerade sagen will. Automatisch werden wir wichtige Teile unseres Redeflusses hervorheben, beispielsweise durch langsameres Sprechen, durch Betonungen oder das Anheben unserer Stimme. Etwa ab der sechsten Lebenswoche reagieren Babys darauf mit lustvollem Juchzen, Lachen und Tönen, sodass wir in einen lebendigen Dialog miteinander kommen.

Einige Anregungen für dich:

- Wusstest du, dass Babys von Anfang an aktiv ihre ersten sozialen Beziehungen mitgestalten? Was erinnerst du, wenn du an dein Kind denkst?
- Erinnerst du dich an die Zeit, als dein Kind Baby war? Wie hast du mit ihm kommuniziert?
- Wenn du die Möglichkeit hast, mit einem Baby im Kontakt zu sein, nimm dir die Zeit für einen Dialog mit ihm. Beobachte sehr genau, was dabei in dir und mit dem Kind passiert.

Elternschaft und Paarbeziehung

Wenn ein Kind geboren wird, führt das unweigerlich auch zu Veränderungen in der Paarbeziehung. In den wenigsten Geburtsvorbereitungskursen werden Eltern auf die Herausforderung vorbereitet, die es bedeutet, nach der Geburt ihres Babys in einer liebevollen Paarbeziehung zu bleiben. Von einem Tag auf den anderen ist das ganze Leben bestimmt von dem, was das kleine Wesen braucht, und der Alltag gestaltet sich anstrengender, als wir uns das vorstellen konnten. Es gibt Unsicherheiten und Eltern und Kind müssen sich erst aneinander gewöhnen. Nicht nur ein erhöhter Stresspegel sorgt schnell für Unstimmigkeiten in der Paarbeziehung, sondern auch die Tatsache, dass mehr oder weniger die gesamte Aufmerksamkeit zum Baby geht und wir darüber vergessen, uns „Zeit zu zweit" zu nehmen, die unseren Bedarf an Nähe und Geborgenheit erfüllt. Das Aufrechterhalten der Paarbeziehung geschieht eben nicht von selbst so nebenbei, sondern braucht in gleicher Weise Aufmerksamkeit, Organisation (Babysitter!) und Zeit für Austausch, Selbstausdruck und Empathie.

Marianne beschreibt, dass die GFK gerade in dieser Phase wichtig und hilfreich war, sich als Paar gegenseitig aufzufangen und zu unterstützen. So haben Leas Eltern gelernt, einander in Konfliktsituationen zuzuhören und sich so weit zu klären, dass sie sich als Paar erleben und wieder für das Kind da sein konnten.

Sechs bis zwölf Monate alt: Die Welt entdecken

Mit etwa sechs Monaten lernt ein Baby, neben der (Mutter-)Milch andere Dinge zu essen. Es entwickelt eigene Vorlieben und Wünsche und zeigt deutlich seinen Unmut, wenn Wünsche nicht erfüllt werden. Natürlich ist jedes Baby ein Individuum und unterscheidet sich von anderen Babys. Trotzdem finde ich es wichtig, dass man weiß, welche Entwicklungsschritte sich in dem Verhalten des Kindes zeigen und auf welche Bedürfnisse das Verhalten hinweist. Wann immer das Baby Unmut äußert, hat das nie etwas damit zu tun, dass es sich nicht benehmen kann, sondern dass Bedürfnisse nicht erfüllt sind.

Etwa ab dem neunten Lebensmonat beginnen die meisten Babys zu fremdeln und zeigen im Kontakt mit unterschiedlichen Personen verschiedene Grade von Nähe und Distanz. So kann es passieren, dass das Kind mit Schreien deutlich macht, dass es nicht zu Oma auf den Arm möchte oder von einer ihm nicht vertrauten Person gefüttert werden will.

Was geht in dem Kind vor? Es kann jetzt Menschen voneinander unterscheiden und verschiedenen Personen gegenüber erlebt es unterschiedliche Gefühle, die es mit seinem Schreien zum Ausdruck bringt. Möglicherweise fühlt es sich ängstlich und unsicher, was auf die Bedürfnisse Geborgenheit und Sicherheit hinweist.

Auch zeigt sich in einer solchen Situation das Bedürfnis nach Selbstwirksamkeit: Die einzige Möglichkeit, darauf aufmerksam zu machen, dass es sich ängstlich und unsicher fühlt, ist Schreien. Wenn es nun erlebt, dass sein Schreien wirksam ist, weil die nahe Bezugsperson (Mama oder Papa) es wieder zu sich auf den Arm nimmt, macht es eine für sein Leben wichtige Erfahrung: „Ich bin wirksam." „Ich kann Einfluss nehmen." Es erlebt, dass seine Bedürfnisse zählen.

Krabbeln und Laufen

Beginnt das Kind zu krabbeln, macht es eine weitere wichtige Erfahrung: ICH kann mich von meinen Bezugspersonen entfernen und ICH kann mich ihnen wieder nähern. Das Baby beginnt, selbst zu entscheiden, wohin es krabbelt und was es entdecken will. Es sucht immer wieder den Blick der Bezugsperson und braucht die Vergewisserung der Verbindung: „Du darfst dich von mir entfernen und wiederkommen!" Jetzt braucht das Baby eine kindgerechte Umgebung, in der es sicher auf Erkundungsreise gehen darf und darin bestätigt wird, wenn es freudig etwas Neues entdeckt hat. Die Fähigkeit, sich an Regeln zu erinnern und diese zu befolgen, z.B. dass bestimmte Schubladen tabu sind, ist in diesem Alter von der kognitiven Entwicklung her noch sehr eingeschränkt. Im Interesse der eigenen Entspannung und Entlastung sowie der Entwicklungsförderung unseres Kindes lohnt es sich also, die

Wohnung so zu gestalten, dass das Kind sicher und geschützt möglichst viel entdecken kann.

Oft denken Erwachsene, dem Kind zeigen zu müssen, wie etwas geht, z.B. wie ein Spielzeug zu handhaben ist oder wie man die soeben geschälte Kartoffel in das Wasser legt. Aber Kinder können und wollen selbst entdecken. Mit Freude beobachten und imitieren sie uns Erwachsene von ganz allein. Durch unser Verhalten haben wir großen Einfluss darauf, inwieweit das Kind sich in seiner Autonomie und Selbstwirksamkeit erlebt.

Deshalb möchte ich Eltern gerne dazu ermutigen, so oft wie möglich ihren Kindern mit Neugier zu folgen und sich auf ihr Tun einzulassen: Was tut mein Kind von selbst? Wo geht sein Interesse gerade hin? Wie kann ich mich beteiligen, sodass Interaktionen entstehen, in denen mein Kind ganz eigene Entscheidungen trifft und wir in einen „Dialog auf Augenhöhe" kommen? Das setzt unser Vertrauen voraus, dass das Kind von selbst ausprobieren und Erfahrungen machen will. Auf diese Weise lernt ein Kind übrigens viel mehr und auch noch mit Spaß, als wenn wir ihm etwas „beibringen".

Hört ein Kind oft und überwiegend: „Nein, das darfst du nicht!", und wird es für seine Entdeckerfreude ausgeschimpft, ausgelacht oder gar bestraft, wird es mit erheblich höherer Wahrscheinlichkeit eine Ängstlichkeit entwickeln. Es verliert die Lust auf eine Erkundung seiner Umwelt und wird sich passiver verhalten – mit Auswirkungen auf sein gesamtes späteres Leben.

„Zu keiner anderen Zeit des Lebens verfügen Menschen über ein vergleichbar hohes Maß an Motivation: Kinder lernen das Laufen. Trotz zahlreicher Stürze stehen sie immer wieder aufs Neue auf und finden schließlich zum aufrechten Gang" (Weil & Erfurt-Weil 2010, S. 194).

Stell dir gerne folgende Fragen:

- Welche Alltagssituationen fallen dir ein, in denen du dich mit deinem Kind in einem Dialog auf Augenhöhe erlebst?

- Wie weit lässt du die Entdeckerfreude deines Kindes zu, folgst ihm und lässt dich darauf ein, wie es gerade die Welt erlebt? Wie fühlt sich das für dich an, wenn das gelingt?
- Was hält dich vielleicht immer wieder davon ab?
- Oder vielleicht kannst du bei deinem Kind diese Entdeckerfreude gar nicht beobachten. Falls das so ist, wie geht es dir damit?

Nicht alle Kinder sind gleich

Marianne beschreibt, dass Lea bei Weitem nicht die Entdeckerfreude zeigte, die sie bei anderen gleichaltrigen Kindern beobachten konnte. Von Anfang an war Lea ein eher stilles Kind, das am liebsten auf dem Schoß der Eltern saß und von dort aus die anderen Kinder beobachtete. Neuem gegenüber zeigte sie sich eher zurückhaltend und abwartend. Befreundete Eltern machten Bemerkungen wie „Sie sollte aber jetzt auch mal mit den anderen spielen" oder „Warum ist Lea denn so zurückhaltend, ist das denn noch normal?" Sie seien durchaus besorgt darüber gewesen und hätten sich die Frage gestellt, „ob sie alles richtig machen", sagt Leas Mutter. Aber sie waren sich einig, Lea niemals zu pushen oder zu etwas zu zwingen. Ihnen war wichtig, dass sie erlebt: So, wie sie ist, ist sie gewollt und geliebt. Beide vertrauten darauf, dass sie ihre Entwicklungsschritte in ihrem Tempo macht. Bei den Vorsorgeuntersuchungen sei auch immer alles in Ordnung gewesen. Wie grundverschieden Kinder sein können, wurde spätestens deutlich, als Leas Schwester Clara auf die Welt kam. Clara war erheblich extrovertierter und zeigte eine sehr ausgeprägte Entdeckerfreude.

Es braucht ein Dorf, um ein Kind zu erziehen (afrikanisches Sprichwort)

Im ersten Lebensjahr sind die möglichen Strategien, die Bedürfnisse des Babys zu erfüllen, noch sehr begrenzt: Geborgenheit und Sicherheit geben in erster Linie die Eltern. Viele weitere Personen kommen dafür noch nicht in Frage, es sei denn, das Kind kennt sie und ist mit ihnen vertraut. Deshalb lohnt es sich, von Anfang an weitere Menschen, z.B. Großeltern oder gute Freund*innen, mit einzubeziehen, sodass das Kind nach und nach Vertrauen zu mehreren Personen aufbauen kann. Das schafft Entlastung und Unterstützung für die Eltern und gibt ihnen Raum, sich um ihre eigenen Bedürfnisse und ihre Bedürfnisse als Paar zu kümmern.

Zwei Jahre alt: Thema Autonomie und Trotz

In diesen Monaten entwickeln Kinder ihren Wortschatz stetig weiter und lernen Wörter für ihre Emotionen. Sie setzen mehr und mehr Sprache als Hilfsmittel für ihre emotionale Selbstregulation ein, was sich zunächst in Zwei-Wort-Sätzen zeigt, wie z.B. „Angst ich" oder „Nicht will". Sie erleben sich zunehmend selbst als Wesen mit eigenen Wünschen und Vorlieben und einem Nicht-Einverstanden-Sein mit dem, was die Bezugspersonen von ihnen wollen. Sie benutzen das Wort „ich". Gleichzeitig haben sie noch nicht die Fähigkeit anzuerkennen, dass andere Menschen etwas anderes wollen. Konflikte werden mit Trotz und „archaischen Lösungsversuchen" in Form von Hauen und Schreien verarbeitet, sodass es zu kraftvollen Eskalationen kommen kann. Bei vielen Eltern löst es große Unsicherheit aus, wenn sie erleben, dass ihre Kinder nicht mehr so wollen wie sie und mit sehr klarem und lautem Protest reagieren.

Leas Mutter beschreibt: *„Besonders in der sogenannten Trotzphase war es wichtig, die guten Absichten zu sehen, also dass die Kinder auch nur für ihre Bedürfnisse sorgen. Das fand ich wahnsinnig einleuchtend, dass in der Trotzphase die Kinder lernen, ihre Autonomie zu entdecken und für diese zu sorgen. Das war echt befreiend und wirklich sehr eindrücklich. Ich konnte damals total anders damit umgehen als die meisten anderen Eltern, weil ich einfach dachte: Ja, dieses Kind entdeckt seine Autonomie, und das ist doch total cool! Auch wenn es natürlich in manchen Situationen* *frustrierend war. Aber so ganz grundsätzlich hatten wir das Verständnis, dass es einfach dazugehört und gute Gründe hat. Da haben Markus und ich uns auch gegenseitig erinnert. Ich fand es gut zu wissen, dass, wenn ich das in dem Moment nicht mehr schaffe, er ja auch noch da ist. Dann ist er vielleicht entspannter und kann in einer Weise damit umgehen, wie wir es beide gerne möchten. (…)*

Ein wichtiger Aspekt war die Empathie für Lea, also versuchten wir herauszufinden, um was es ihr eigentlich gerade geht und ob es noch einen anderen Weg gibt, das Bedürfnis zu erfüllen. Mir hat die GFK enorm geholfen, mich überhaupt in meine Kinder hineinzuversetzen, auf ihre Gefühle zu gucken und die Botschaft auszudrücken: ‚Es ist okay, was du fühlst.' Und dann zu schauen: Was ist das eigentlich ganz genau, was du fühlst, wo kommt das her? Es ging nicht nur darum, dass ich das verstehe, sondern auch, dass sie sich selbst versteht und lernt, das zu bewältigen, was da in ihr hochkommt."
Marianne konnte sich noch gut an Situationen erinnern, in denen Lea superwütend auf der Treppe saß, sie sich zu ihr setzte, ihr den Raum gab und ihr zuhörte.

Welche Bedürfnisse werden sichtbar – worauf kommt es also an?

In dieser Phase geht es darum zu verstehen: Es braucht jetzt eine Auseinandersetzung, in der das Kind erlebt, dass alle Bedürfnisse zählen. Das Kind kann sich selbst noch nicht emotional regulieren. Eltern brauchen die Bereitschaft, die Wut des Kindes auszuhalten und empathisch abzuholen (siehe „Der Schlüssel für die Verbindung zu unseren Kindern", S. 84). Das Kind braucht Anerkennung für seine Gefühle und Empathie. Oft reicht das schon, um die Situation zu deeskalieren und Wege für das weitere Miteinander zu finden.

Reicht das nicht, brauchen Eltern ein gutes Gespür für ihre eigenen Möglichkeiten und Grenzen. Wenn sie merken, dass ihre Grenze erreicht ist, ist es ihre Aufgabe, im Sinne von beschützender Macht klar und ruhig auszudrücken, was ihre Bedürfnisse sind und was jetzt passieren soll. Es geht darum, das Kind vor der eigenen Selbstüberschätzung zu schützen und die Verantwortung dafür zu übernehmen, dass alle Bedürfnisse im Blick sind, auch die eigenen! Möglicherweise ist das Kind damit gar nicht einverstanden und schreit seinen Frust raus. Das darf es. Wir müssen uns klarmachen: Es kann sich noch nicht selbst regulieren und sich auch noch nicht in die Bezugsperson einfühlen. Gerade in dieser Entwicklungsphase sehe ich eine Gefahr darin, dass Eltern die Wut ihres zweijährigen Kindes möglichst vermeiden wollen, weil es schwer für sie ist, sie auszuhalten und mit ihr umzugehen. Möglicherweise wird es sogar als gewaltfrei angesehen, sich selbst über die eigenen Grenzen hinaus zu verbiegen, damit das Kind sich schnell beruhigt oder erst gar nicht wütend wird. Das Kind lernt das Konzept: Ich muss nur laut genug schreien, dann bekomme ich, was ich will. Es lernt nicht, dass auch seine Eltern Grenzen haben.

Wir helfen dem Kind, seine Selbstregulation zu entwickeln, indem wir seinen Frust (aus-)halten und ihm unsere Empathie entgegenbringen: Wir drücken unsere Vermutung aus, was das Kind gerade fühlt und was es viel lieber möchte und dass wir dafür Verständnis haben. Anschließend drücken wir ruhig, klar und bestimmt aus, worum es uns gerade geht, handeln entsprechend und behalten das Kind mit seinen Bedürfnissen im Blick.

Auf diese Weise erlebt das Kind, dass seine Bedürfnisse zählen und dass auch die Eltern Bedürfnisse haben und für diese sorgen. Das allein heißt nicht, dass das Kind sich schnell beruhigen muss und ich erinnere daran, dass das auch nicht das Ziel ist. Die Absicht ist, dass wir mit allen Bedürfnissen, die da sind, in Beziehung gehen. Das kann in manchen Situationen alles andere als harmonisch und friedlich wirken und auch sehr anstrengend sein. Zu einem Leben mit Kindern gehören auch Situationen, die wir selbst nicht mögen und die wir uns ganz anders wünschen.

Umso wichtiger sei an dieser Stelle wieder an die Selbstfürsorge und Selbstempathie erinnert:

- Wo sind deine Kraftquellen, mithilfe derer du gut mit dir selbst in Kontakt kommst und deinen Akku aufládst?
- Welche Menschen gibt es in deiner Umgebung, mit denen du dich über schwierige und herausfordernde Situationen mit deinem Kind austauschen und reflektieren kannst?

Betreuung zu Hause oder in einer Einrichtung?

Bis Lea drei Jahre alt war, ist sie zu Hause von ihren Eltern betreut worden. Viele Eltern möchten ihr Kind, wenn es ein oder zwei Jahre alt ist, in eine Kinderbetreuung geben. Aus meiner Sicht gibt es hier kein „Besser“ oder „Schlechter“, sondern es kommt auf die Qualität der Beziehungsgestaltung und eine kindgerechte Umgebung an, und beides ist zu Hause möglich und auch in einer Kinderkrippe.

Wenn dein Kind in diesem Alter in eine Kinderkrippe oder zu einer Tagesmutter kommen soll, ist für mich die Eingewöhnungsphase von großer Wichtigkeit. Ich erlebe immer wieder, dass das Thema von vielen Eltern unterschätzt wird. Für das Kind ist der Einstieg in eine Fremdbetreuung der erste Übergang von einer Lebensphase in die nächste, und das Gelingen oder Nicht- bzw. Nicht-ganz-so-Gelingen dieses Übergangs hat Einfluss auf alle weiteren Übergänge im späteren Leben: Schuleintritt, Schulwechsel, Ausbildung, erste Arbeitsstelle.

Schauen wir auf die Bedürfnisse des Kindes, wenn es zum ersten Mal in die Kinderkrippe oder zu einer Tagesmutter kommt: Die Eltern sind der „sichere Hafen“. Hier erlebt es Sicherheit, Angenommensein, Liebe, Vertrauen. Nun kommt es in eine fremde Umgebung mit fremden Menschen. Welche Gefühle löst das aus? Das Kind wird anfangs unsicher und ängstlich sein – eine ganz normale Reaktion, die mehr oder weniger alle Menschen mal stärker, mal weniger stark haben, wenn sie mit etwas Fremdem konfrontiert sind. Seine Sicherheit findet das Kind bei Mama oder Papa. Von Mamas oder Papas Schoß aus beobachtet es, was dort passiert: Was tun die anderen Kinder? Wie verhalten sich die Erwachsenen? Wer kommt auf mich zu? Kann ich der Person vertrauen? Viel mehr wird in den ersten Tagen nicht passieren, denn noch ist die fremde Umgebung kein sicherer Ort. Je nach Veranlagung des Kindes wird es neugierig schauen und früher oder später von selbst beginnen, die Umgebung zu erkunden, Spielzeug auszuprobieren oder auf andere Kinder zu reagieren.

Dafür, dass die fremde Umgebung für das Kind zu einem sicheren Ort wird, ist neben Sicherheit und Vertrauen bei dem Kind ein weiteres

Bedürfnis in dieser Phase „hellwach": Es braucht das Erleben von Selbstwirksamkeit, also dass es selbsttätig Einfluss nehmen kann. Deshalb ist es wichtig, dass das Kind selbst entscheidet, wann es womit oder mit wem spielt und wann es auf seine Bezugserzieherin zugeht, die sich ihm schon mehrmals vorgestellt und genähert hat. Und das – das merkst du vielleicht schon – braucht Zeit. Das wissenschaftlich fundierte Eingewöhnungskonzept „Münchener Modell" empfiehlt einen ersten Trennungsversuch von den Eltern in einer neuen Umgebung frühestens ab dem zehnten Tag! Achte also unbedingt darauf, dass es seitens der Einrichtung oder der Tagesmutter eine Bewusstheit und am besten ein Konzept für die Eingewöhnung gibt und plane dafür einen Zeitraum von ca. vier Wochen ein.

Drei bis vier Jahre alt: Die Perspektivübernahme – Voraussetzung für Empathiefähigkeit

Perspektivübernahme ist die Fähigkeit, sich vorzustellen, was andere Menschen fühlen oder denken. Kinder entwickeln diese Fähigkeit erst langsam ab dem vierten Lebensjahr. Im Kontakt mit Kindern ist es wichtig, das zu wissen, denn oft werden Kleinkinder bezüglich ihrer (noch nicht vorhandenen!) Empathiefähigkeit überschätzt. So werde ich beispielsweise immer wieder gefragt, was Bezugspersonen tun sollten, wenn ihre Kinder, ein oder zwei Jahre alt, andere Kinder beißen. Wenn man mit der Gewaltfreien Kommunikation darauf schaut, stellt sich als Erstes die Frage: Welches Bedürfnis erfüllt sich das Kind damit, dass es gebissen hat? Was will das Kind mit diesem Verhalten bewirken? Was genau ist kurz vorher passiert?

In der Regel wird mit diesem Blick darauf nämlich deutlich, dass dieses Verhalten ein (tragischer) Versuch einer Kontaktaufnahme ist. Vielleicht drückt das Kind auch aus, dass es mit etwas nicht einverstanden ist. Zu letzterem Ergebnis komme ich im Gespräch mit Müttern oder Erzieherinnen tatsächlich eher seltener.

Mit dem Wissen, dass ein unter dreijähriges Kind die Fähigkeit der Perspektivübernahme noch nicht hat, können wir uns bewusst machen, dass es nicht weiß, dass beißen oder hauen dem anderen Kind weh tut! Wir können also Annahmen oder Fantasien, wonach das Kind sich ganz bewusst so verhält, um andere zu tyrannisieren, beiseitelegen, denn soweit kann ein Kind in diesem Alter tatsächlich gar nicht denken. Das zu wissen ist wichtig, um den Bedürfnissen, die das Kind sich mit dem Beißen oder Hauen erfüllt, wirklich auf die Spur zu kommen.

Beißt oder haut ein Kind ein anderes Kind, brauchen beide Kinder Zuwendung und eine empathische Reaktion. Es fördert die Entwicklung der Perspektivübernahme und damit auch der Empathiefähigkeit der Kinder enorm, wenn wir uns als Bezugsperson beruhigend beiden Kindern zuwenden und Vermutungen ausdrücken, was in dem Kind, das gebissen oder gehauen wurde, vor sich gehen mag UND wie sich das andere Kind fühlen mag und was der gute Grund für das Beißen oder Hauen gewesen sein könnte. Natürlich ist es auch wichtig auszudrücken, dass Beißen und Hauen nicht erwünscht sind. Weil jedoch die kognitive Reife zum Erfassen des Zusammenhangs noch nicht entwickelt ist, können sich solche Situationen noch über einen längeren Zeitraum wiederholen. Wir brauchen dafür die Geduld und das Vertrauen, dass es eine Phase ist, die vorübergeht. Und natürlich die Bereitschaft, in diesen Situationen immer wieder beherzt und empathisch einzugreifen, um die Kinder zu schützen.

Indem die erwachsenen Bezugspersonen in allen möglichen Situationen die verschiedenen Perspektiven und jeweiligen Bedürfnisse aller Beteiligten verbalisieren, fördern sie die Entwicklung der Perspektivübernahme erheblich. Wenn Kinder mit ca. drei bis vier Jahren lernen, dass sie selbst und andere Menschen unterschiedlich denken und fühlen und sie zwischen den eigenen Gefühlen und denen anderer Menschen unterscheiden können, ist das die Voraussetzung für empathisches Verstehen und Verhalten. Den Kindern wird bewusst, dass verschiedene Menschen ein und dieselbe Situation unterschiedlich erleben und bewerten. Sie können sich in andere Menschen hineinversetzen und reflektieren, dass diese anders denken und fühlen. Dieser Lernschritt erweitert in hohem Maße die sozialen Kompetenzen, das Selbstkonzept und das Selbstvertrauen des Kindes.

Kindergartenzeit

Mit der Gewaltfreien Kommunikation verfügten Leas Eltern über eine Grundlage, ihre Tochter in ihren Entwicklungsschritten auch ohne entwicklungspsychologisches Wissen bedürfnisorientiert zu begleiten. Wenn Marianne an Leas Kindergartenzeit zurückdenkt, erinnert sie vor allem, wie vehement plötzlich die Themen „gut – schlecht“ oder

„das ist blöd“ auftauchten. Lea sei oft nach Hause gekommen und habe über andere Kinder geschimpft, dass diese doof und blöd seien. Mariannes Bestreben war es dann, diese Aussagen zu übersetzen. Ihre Standardfrage sei gewesen: „Okay, was hat das Kind denn gemacht, was du blöd findest?“ Und: „Was passiert dann genau bei dir?“ Sie half Lea, ihre Gefühle auszudrücken, dem auf die Spur zu kommen, was Lea sich gewünscht hätte und Verständnis für das andere Kind zu entwickeln: „Was ist vielleicht der gute Grund dafür, dass das Kind es so gemacht hat?“ Ihr war wichtig zu vermitteln, zwischen Person und Handlung zu unterscheiden und Lea darin zu bestärken, dass sie sagen darf, wenn ihr ein Verhalten nicht gefällt. Was braucht Lea jetzt? Wie kann sie sich dem anderen Kind gegenüber ausdrücken und behaupten? Welche Handlungsmöglichkeiten hat sie?

Lea ist in einen ganz normalen Kindergarten gegangen. Ihre Eltern wollten, dass sie nicht *„auf einer einsamen Insel aufwächst, sondern dass sie auch mit dem, was im Leben eben da ist, konfrontiert ist“*. Davon abgesehen gab es auch keine Kita, in der GFK praktiziert wurde. Leas Mutter sagt: *„Die Kinder waren ja auch oft bei ihren Großeltern, die nun wahrlich keine GFK-Erziehungsmethoden hatten. Ich fand es auch immer wichtig, dass sie beide mitkriegen, dass es andere Arten gibt, miteinander umzugehen und auch zu erleben, dass das Wichtigere ist, wenn unter allem die Liebe steckt. So habe ich es auch oft übersetzt, wenn wir über Situationen gesprochen haben, also die gute Absicht hinter den Handlungen. (…) Sie sollten Mittel an die Hand bekommen, gut mit dem umzugehen, was ihnen begegnet. Ich habe wirklich Vertrauen gehabt, dass das, was wir ihnen mitgeben, eine gute Basis ist.“*

Jetzt berichtet Lea über ein wichtiges Lebensereignis: Sie bekommt eine Schwester.

Große Veränderungen (1): Wie Lea die Geburt ihrer Schwester erlebt hat

Da ich bei der Geburt meiner Schwester selbst erst vier Jahre alt war, befinden wir uns hier in einer Zeit, an die ich mich nur schwer erinnern kann. Dennoch möchte ich auch hier etwas schreiben, denn die Geburt eines zweiten Kindes und die damit einhergehenden Veränderungen sind durchaus von Bedeutung. Ich weiß nur noch, dass ich mich mit dieser Veränderung nicht allzu schwer getan habe. Meine Schwester und ich kommen auch heute gut miteinander aus, und u.a. das spricht, so denke ich, dafür, dass wir von Beginn an einen guten Umgang miteinander gelernt haben.

Ich kann mich nicht mehr daran erinnern, wie meine Mutter schwanger wurde oder wie diese neun Monate genau verlaufen sind. Ich weiß aber noch, dass meine Eltern mir erklärten, was früher oder später passieren würde: Eine kleine Schwester, die erstmal viel Aufmerksamkeit brauchen würde. Wenn ich heute darüber nachdenke, fallen mir mehrere Dinge ein, die diese neue Situation für mich leichter machten, und die möchte ich gerne mit euch teilen.

Die Aufklärung: Damit ist natürlich nicht gemeint, dass meine Eltern mir mit vier Jahren in allen Einzelheiten erläuterten, was eine Schwangerschaft ist, wie sie entsteht und wie eine Geburt aussieht. Aber mir wurde für mein Alter gerecht erklärt, dass da ein kleiner Mensch in meiner Mutter wächst und dass wir alle jetzt noch Zeit haben, uns aufeinander vorzubereiten. Auch, als der Tag der Geburt sich näherte, erzählten mir meine Eltern, was geplant war. So wusste ich beispielsweise, dass meine Mutter eine Hausgeburt wollte, sie aber dafür gesorgt hatten, dass jemand zu uns kommen und sich um mich kümmern würde, falls sie doch ins Krankenhaus fahren mussten. Als ich am Tag nach der Geburt aufwachte und sah, dass besagte Person tatsächlich da war, hatte ich immerhin eine Idee, was passiert war.

Das Umfeld. Gerade in der Zeit nach der Geburt waren meine Eltern verständlicherweise gefordert von meiner kleinen Schwester. Ich denke, die Sorge vieler Eltern ist, dass das ältere Kind sich in dieser neuen Situation alleingelassen fühlt und sich mehr Aufmerksamkeit wünscht. Ich kann mich nicht daran erinnern, dass es mir jemals so ging. Meiner Meinung nach lag das auch daran, dass wir zu dieser Zeit in der Lebensgemeinschaft Lebensgarten lebten. Dort konnte ich mich frei bewegen und, am wichtigsten: Meine beste Freundin wohnte direkt gegenüber.

Ich hatte gar keine Zeit, mich allein zu fühlen und wurde auch in der Familie meiner Freundin immer mit offenen Armen empfangen.

Es gibt noch Videos aus der Zeit, kurz nachdem meine Schwester geboren wurde. Was ich beim Anschauen der Filme beobachte, ist, dass meine Eltern mir viel erklären und mich auch mit einbeziehen. Ich habe deshalb den Eindruck, dass ich ein gleichwertiger Teil war.

Was hat diese Zeit mit der GFK-Erfahrung meiner Eltern zu tun? So genau kann ich das natürlich nicht aufschlüsseln. Ich denke, viel von dem, was sie taten, tun auch viele andere Eltern. Was ich gerne hervorheben möchte, ist mein Eindruck, dass meine Eltern mich auch mit vier Jahren schon als vollwertigen Menschen mit Gefühlen und Bedürfnissen, aber auch mit der Möglichkeit zur Eigenverantwortung gesehen haben. Mir wurde kindgerecht und klar erklärt, was gerade in unserem, in meinem Leben passiert und immer wieder wurde ich gefragt, wie es mir geht. Ich konnte teilhaben und meine eigenen Erfahrungen machen. Ich war frei zu gehen, wenn ich mir mehr Ruhe oder Aufmerksamkeit wünschte und konnte immer wiederkommen und mich mit ihnen gemeinsam über dieses kleine Wesen freuen.

Große Veränderungen (2): Lea ist große Schwester geworden – die Sicht der Mutter

Da ist etwas richtig gut gelungen! Im Gespräch mit Marianne wird deutlich, wie sie und Markus als Eltern, die ein zweites Kind bekamen, Leas Bedürfnisse ganz selbstverständlich mit im Blick hatten:

Schon in der Schwangerschaft haben sie Lea einbezogen und viel mit ihr darüber gesprochen, dass bald ein Baby dazu kommen wird. Als Clara da war, fand Lea es toll, sie auf dem Arm zu halten. Es gibt Fotos davon, wie Lea neben ihrer Mama auf dem Sofa sitzt und sie gemeinsam ein Buch anschauen, während Clara gestillt wird. Beim Wickeln durfte Lea helfen, das Baby auszuziehen, und sie waren gemeinsam mit Baby Clara in Kontakt. Die Haltung war: Wir machen das hier alle zusammen und alle Bedürfnisse zählen. Damit erlebte Lea als große Schwester einerseits Zuwendung und Aufmerksamkeit, die sie als Kind genauso brauchte wie das Baby, anderseits auch Gleichwürdigkeit und Verbundenheit. Gleichzeitig durfte sie sich wirksam mit dem beteiligen, was ihr als Kind möglich war. Ihre Autonomie konnte sie leben, indem sie ihre Freundin Lisa, die nebenan wohnte, jederzeit besuchen durfte und selbst entscheiden konnte, wann sie bei ihrer Schwester sein wollte. Weil die Geburt eines Geschwisterkindes immer ein Einschnitt für das ältere Kind ist, kann diese Phase Verunsicherung und Ängste auslösen. Da Lea von Anfang an einbezogen war und keinerlei Einschränkungen erfuhr, verlief dieser Einschnitt für sie stressfrei und ohne Eifersucht und es konnte sich eine herzliche, schwesterliche Verbindung entwickeln.

Dafür war auch bedeutsam, dass ihre Eltern nie das Thema „Konkurrenz" in die Beziehung der beiden Schwestern gebracht haben. Lea und Clara wurden durch ihre gesamte Kindheit hindurch jede in ihren Eigenheiten, Begabungen und Fähigkeiten wertgeschätzt und unterstützt, nie ging es darum: „Das kann deine Schwester aber besser als du, nimm dir ein Beispiel daran".

Sich mit der Schwester vergleichen und eventuell Konkurrenz empfinden – u.a. zu diesen Themen passt die folgende Geschichte von Lea. Sie ist damals schon zwölf Jahre alt, also kein Kindergartenkind mehr, und damit leitet diese Lebenserinnerung auch gut zum 5. Kapitel über, in dem es um das Thema Schule geht.

Als ich kein Rad schlagen konnte und Empathie und Wertschätzung erfuhr

In dieser Geschichte geht es darum, wie schwer ich mich damit getan habe, ein Rad zu schlagen und darum, wie meine Mutter damit umging. Während ich also eine schöne Erfahrung mit meiner Mutter hatte, die mich nachhaltig gestärkt hat und mir letztlich noch heute hilft, erinnere ich mich daran, dass eine meiner Freundinnen sich ebenfalls schwer getan hat mit Akrobatik. Ich weiß noch, dass sie mir verzweifelt erzählte, wie viel sie geübt hatte und dass sie es dennoch nicht schaffe. Während ich sie ermutigte, kam ihr Vater zu uns an den Tisch. Er hörte sich ihre Sorgen an, nahm sich etwas zu trinken, sagte: „Stell dich nicht so an, dann schaffst du das auch" und ging. Einen größeren Kontrast zu meiner Mutter hätte es wohl nicht geben können:

Ich bin etwa zwölf Jahre alt und im Sportunterricht ist gerade Turnen dran. Ich mag Sportunterricht nicht, tue mich schwer damit, neue Bewegungsabläufe zu lernen. Und jetzt muss ich bis zur nächsten Stunde ein Rad schlagen können. Also übe ich, ich mühe mich ab, und je öfter ich es versuche, desto verzweifelter und stärker unter Druck fühle ich mich. Meine Mutter steht schon eine Weile neben mir. Meistens ist sie ruhig, wirft nur hin und wieder einen Tipp ein. Sie kennt mich, weiß, wie kurz mein Geduldsfaden ist und dass ich sie als Unterstützung brauche, obwohl ich auf ihre Kommentare nur genervt reagiere.

Plötzlich kommt meine Schwester neugierig um die Ecke spaziert. „Was macht ihr da?", fragt sie. „Lea übt, Rad zu schlagen", erklärt meine Mutter, „Das muss sie für die Schule können". Ich sehe, wie die Augen meiner Schwester aufleuchten. Sie liebt Sport, ist gut in fast jeder Disziplin und lernt unglaublich schnell. „Oh, das kann ich bestimmt auch!", erklärt sie und beginnt eifrig, neben mir zu üben. Eine Zeit lang geht das gut. Ich achte nicht weiter auf sie, bin zu beschäftigt mit meiner eigenen Verzweiflung. Bis sie schließlich „Guckt mal, ich kann es!" ruft und vor unseren Augen ein nahezu perfektes Rad schlägt. Ich muss schlucken. Wie kann das sein, dass sie das so viel schneller lernt als ich? Zu meiner Verzweiflung kommen Frustration und Scham hinzu. Ich müsste das doch auch viel schneller lernen. Irgendwann halte ich es nicht mehr aus, setze mich auf den Rasen und schlinge mir die Arme um die Knie. „Das ist doch alles blöd. Ich lerne das niemals und sie kann es einfach schon." Meine Mutter setzt sich neben mich und streichelt mir den Rücken. „Ach, Lea, zu erleben, dass dir das Rad schlagen so viel schwerer fällt als Clara, ist echt schwer für dich, nicht wahr?" Ich grummle vor mich hin: „Das ist so ungerecht, dass mir so etwas immer so schwerfällt!" Mama nickt. „Oh Mann, da bist du echt verzweifelt, du hättest es so gerne leichter, oder?" Ich nicke. „Clara kann sowas einfach immer viel besser als ich!“ Daraufhin seufzt meine Mutter. „Weißt du, deine Schwester hat einfach einen leichteren Zugang zu solchen Dingen als du.“

Es dauerte bei mir länger als bei meiner Schwester und kostete mich viele Nerven. Aber es klappte dann auch bei mir!

An diese Situation erinnere ich mich gut. Und es gab noch viele weitere, ganz vergleichbare Situationen. Meiner Schwester bin ich gar nicht böse, denn sie kann schließlich nichts dafür, wie unsere Talente verteilt sind. Und gleichzeitig war es nie leicht für mich, das jeweils konkret zu erleben. Ich wusste einfach nicht, wie ich damit gut umgehen konnte.

Ohne meine Mutter hätte die Radschlag-Geschichte vermutlich im Streit geendet. Heute tut es mir leid, aber damals wählte ich oft den Weg, meiner Schwester Vorwürfe dafür zu machen, dass sie so viel besser in sportlichen Aktivitäten war als ich. Ich finde, meine Mutter hat die Situation gut gelöst. Indem sie zu mir kam, mir zuhörte und diesen Satz sagte, erklärte sie mir die Situation, wie sie gerade war, ohne meine Schwester dafür schlecht zu machen. Gleichzeitig ließ sie mir aber auch die Möglichkeit offen, das Radschlagen noch zu lernen. Schließlich bedeutet ein „leichterer Zugang“ nur, dass es für mich schwerer und nicht, dass es unmöglich ist.

Ich nehme aus dieser Geschichte mehrere Dinge mit: Ich sehe zum einen, dass meine Schwester es einfach leichter hat mit diesen Dingen. Das ist okay. Es ist auch okay, dass ich mich schwerer tue. Beides darf sein. Ich nehme zum anderen aber auch mit, welchen schönen Weg meine Mutter gewählt hat. Sie ermutigte mich, ohne mich anzulügen, im Sinne von „Du kannst das genauso gut“. Ich kann alles schaffen, was ich will. Manchmal dauert es einfach ein wenig länger.

5. | Schule

Der Leitsatz von Maria Montessori „Hilf mir, es selbst zu tun“ hat Marianne und Markus überzeugt, Lea auf einer Montessorischule anzumelden: *„Dieser Satz passt total zur GFK, zu dem Empowerment, dem Prinzip Selbstverantwortung. Bei der Montessorischule passt eben auch die Grundannahme, dass wir alle lernen und uns weiterentwickeln wollen. Das merkst du ja bei Kindern dauernd, und wir können uns das ein Leben lang erhalten, wenn wir das nicht abtrainiert kriegen. Uns war so wichtig, dass die Freude am Lernen erhalten bleibt, was ja auch viel mit Selbstvertrauen zu tun hat. Deshalb wussten wir, wir wollen nicht, dass unsere Kinder auf eine normale Schule gehen, denn das Leistungsprinzip trägt aus unserer Sicht sehr dazu bei, dass diese Freude verloren geht. Von daher war die Montessorischule genau richtig.*

Eine eindrückliche Erfahrung war, als Lea damals nur Deutsch gemacht hat und uns die Lehrerin beruhigt hat, obwohl wir gar nicht beunruhigt waren. Das sei jetzt eine Phase. Und tatsächlich hieß es plötzlich: Jetzt macht sie nur Mathe. Das fand ich eindrücklich, weil ich gemerkt habe, dass ich da wirklich Vertrauen haben kann.“

In den folgenden drei Abschnitten berichtet Lea über ihre Schulzeit.

Eigene Entscheidungen treffen

Wir hatten einige Jahre in einer Lebensgemeinschaft in der Mitte Deutschlands gelebt und zogen dann in den Süden, nach Bayern. Dort waren wir näher an der Familie und es wurde Zeit für mich, eingeschult zu werden. Auch daran kann ich mich nur noch grob erinnern. Worüber ich hier aber sprechen möchte, ist die Freiheit bei der Wahl meiner Freund*innen.

Wie zuvor bereits erwähnt, entschieden sich meine Eltern bewusst, mich auch Kontexten auszusetzen, die nicht nur von GFK geprägt waren. Als ich eingeschult wurde, kam ich auf eine Montessorischule. Montessoripädagogik und GFK teilen viele ähnliche Werte, und dennoch waren meine Mitschüler*innen eine eher bunt gemischte Gruppe mit unterschiedlichen Ansichten und aus unterschiedlichen Gesellschaftsschichten. Ich war sechs Jahre lang auf dieser Schule und hatte während dieser Zeit viele, teils sehr unterschiedliche Freundinnen. Rückblickend würde ich sagen, dass manche von ihnen bestimmt nicht so waren, wie meine Eltern sie sich wünschten. Aber davon bekam ich damals gar nichts mit. Ich war immer frei, mich mit den Menschen zu umgeben, mit denen ich mich umgeben wollte.

Ich denke, dass meinen Eltern hierbei Selbstempathie hilfreich war. Sicherlich mochten sie nicht alle meine Freundinnen. Durch ihre Fähigkeit, sich mit ihren Gefühlen und Bedürfnissen zu beschäftigen, konnten sie das aber von mir fernhalten und mir somit Freiheit und Autonomie, aber auch Selbstwirksamkeit möglich machen. In vielen Fällen erkannte ich irgendwann, dass mich mit einer Freundin eigentlich kaum etwas verband und ich selbst traf dann die Entscheidung, mich nicht mehr mit ihr zu treffen.

Unterstützung bekommen und mit den eigenen Erfahrungen ernst genommen werden

Ich erinnere mich an eine Situation, die mit dem Thema Neinsagen zu tun hat und damit, als Kind einen eigenen Willen zu haben: In der siebten Klasse wechselte ich die Schule, weil ich das selbst beschlossen hatte.

Was war passiert? Wir waren wieder umgezogen und für mich brachte das einen Schulwechsel zum zweiten Halbjahr mit sich. In der neuen Schule fühlte ich mich von Anfang an nicht wohl und ich fand auch keinen Anschluss an meine Klassenkamerad*innen. Ich weiß noch, dass ich damals von Beginn an nicht allzu begeistert von der Vorstellung war, auf diese Schule zu gehen. Meine Mutter schob das, verständlicherweise, auf meinen generellen Widerstand gegen den Umzug. Ich weiß noch, wie sie mir erklärte, sie habe sich für diese Schule entschieden, weil sie diese alternative Schulform unterstützenswerter fand als eine Regelschule. Also gab auch ich der Schule eine Chance. Doch nach einem halben Jahr stellte sich heraus: Ich fühlte mich dort immer noch nicht wohl.

Dann kamen die Sommerferien und während der gesamten sechs Wochen hatte ich Bauchschmerzen beim Gedanken, dass ich nach Ferienende zurück auf diese Schule müsste. Ich sprach mit meiner Mutter darüber, doch sie blieb bis zum Ende der Ferien dabei, dass ich zurückgehen würde. Ich glaube, Mama dachte immer, ich bräuchte nur etwas mehr Zeit, um mich einzuleben. Aber dann, nach dem letzten Ferientag:

Es ist der erste Schultag nach den Sommerferien und ich komme schlecht gelaunt zurück nach Hause. Ein neues Schuljahr, eine neue Klassenstufe und doch genau dasselbe wie letztes Jahr. Wie könnte es auch anders sein, schließlich ist es eine kleine Schule mit wenigen Schülern. Ich schmeiße meinen Ranzen in die Ecke und setze mich in die Küche. Meine Mutter kommt herein: „Und, wie war es?“ Finster gucke ich sie an: „Furchtbar, niemand will mich da! Ich werde da nie wieder hingehen!“ In diesem Moment weiß ich, dass es stimmt. Ich habe soeben beschlossen, dass ich nicht weiter auf diese Schule gehen möchte. Daran wird auch meine Mutter nichts ändern können. Sie setzt sich nun zu mir an den Tisch. „Das klingt, als wärst du sehr entschieden“, merkt sie an und ich nicke. „Ich höre, dass es für dich sehr wichtig ist, an eine Schule zu gehen, in der du Zugehörigkeit erlebst. Wie wäre es denn, wenn du mal schaust, auf welche Schule du gehen möchtest? Ich habe von zweien gehört, die ganz gut sein sollen. Weil mir wichtig ist, wie es dir geht, ist es für mich okay, wenn du so lange, bis wir eine Alternative für dich gefunden haben, nicht mehr zur Schule gehst.“ Ich gucke sie überrascht an, damit habe ich nicht gerechnet. Dann nicke ich entschlossen. „Ich suche mir eine Schule raus!“, sage ich und gehe in mein Zimmer, um eben dies zu tun.

Tatsächlich habe ich mir damals, nach einiger Recherche, zwei Schulen rausgesucht, die ich gerne angucken wollte und rief als Erstes bei der Schule an, die mir am meisten zusagte. Und siehe da: Nur kurze Zeit später durfte ich einen Tag zum Schnuppern in eine Klasse gehen. Das lag vor allen Dingen daran, dass ich den damaligen stellvertretenden Schulleiter mit meiner Klarheit und Entschlossenheit beeindruckt hatte. Er entschied deshalb, die Regeln über Bord zu werfen und mir die Chance zu geben. Von dem, was dann folgte, erinnere ich nicht mehr ganz so viel, aber eins weiß ich: Ab diesem Moment tat ich etwas, das meine Eltern nie gewollt hatten. Ich ging auf ein normales Gymnasium und es ging mir viel besser.

Meine Mutter erinnert sich daran übrigens so: *„Lea […] fühlte sich in ihrer damaligen Schule […] sehr unwohl und hatte auch große Schwierigkeiten, dort Anschluss und Akzeptanz bei den anderen Schülerinnen zu finden. Wir hatten etliche Gespräche darüber. Mir fiel die Entscheidung nicht leicht, weil sie auf eine alternative Schule ging, die ich bewusst ausgesucht hatte, um ihr ein flexibleres und bedürfnisgerechtes Lernen zu ermöglichen […]. Ich verstand jedoch immer mehr, dass für Lea ein Schulwechsel enorm wichtig war. Sie sehnte sich danach, eine Umgebung zu finden, in der sie einen leichteren, entspannteren und auch vielfältigeren Kontakt zu Gleichaltrigen haben konnte und in der sie akzeptiert und angenommen würde. […] Leas Wunsch und innere Motivation waren so hoch, dass ich ihren Wunsch dann gerne unterstützte“* (Sikor 2014).

Für mich ist dieses Erlebnis ein tolles Beispiel dafür, wie wichtig es ist, einem Kind zuzuhören und ihm eine Entscheidungsgewalt über sein Leben zu lassen. Natürlich habe ich, als es um diesen Schulwechsel ging, nicht alles allein entschieden. Doch der Anfangsimpuls und die Entscheidung, auf welche Schule ich künftig gehen wollte, gingen von mir aus. Ich behaupte, der Umstand, dass wir meinem Gefühl gefolgt sind, war entscheidend dafür, wie gut es mir schlussendlich auf dieser Schule ging. Zu merken, dass ich ernst genommen werde und dass ich selbst wirksam werden kann, waren, so denke ich, sehr wichtig für meine Motivation.

Nicht nur meine Motivation wurde dadurch erheblich gesteigert. Nein, meine Verbindung zu meinen Bedürfnissen und die Möglichkeit, für sie einzustehen, hatten auch einen Effekt auf meine Umgebung. Um es mit den Worten des stellvertretenden Schulleiters zu sagen: „Schüler mit so einer inneren Stärke möchte ich auf meiner Schule haben!“

Die Bedeutung von Schulnoten

Dazu fällt mir eine Unterhaltung ein, die ich mit meiner Mutter hatte, als ich etwa ein Jahr auf dem von mir selbst ausgesuchten Gymnasium war. Durch den Wechsel von Montessori- zur Regelschule hatte ich einiges aufzuholen. Ich gab mir große Mühe – mit Erfolg: Schon nach einem Jahr konnte ich für mich zufriedenstellende Ergebnisse erzielen. Diese Ergebnisse stießen auch auf Interesse in meiner Familie. Besonders mein Großvater, der Vater meiner Mutter, fragte mich gerne und oft, was ich in letzter Zeit für Noten erhalten hätte. Dazu ist es gut zu wissen, dass mein Großvater früher selbst Lehrer an einem Gymnasium und somit an das gängige Benotungssystem gewöhnt war, denn er hatte es jahrzehntelang praktiziert. Wenn ich ihm von einer Note erzählte, mit der ich selbst sehr zufrieden war, reagierte er allerdings manchmal nicht so begeistert, wie ich mir das vorgestellt hatte. Tatsächlich munterte er mich dann eher auf mit Worten wie: „Das ist doch schon mal ein Anfang, da kannst du doch gut drauf aufbauen.“

Ich hatte mehrere solcher Momente mit ihm, und irgendwann fragte meine Mutter mich, ob ich manchmal den Eindruck hätte, Opa sei nicht zufrieden mit meinen Leistungen. Als ich bejahte, erklärte sie mir, dass Opa, weil er selbst Lehrer gewesen war, viel Wert auf Noten lege. Gleichzeitig, so erzählte sie dann, wisse sie, wie stolz er auf mich sei. Denn ihr gegenüber betonte er immer wieder, wie toll ich das doch machen würde. Manchmal könne er das nur nicht so gut ausdrücken und verliere sich dann selbst in dem altbekannten Denken. Ganz im Sinne von: Wenn es keine Eins ist, geht es noch besser.

Diese Erklärung half mir, die Reaktionen meines Großvaters besser einordnen zu können. Tatsächlich hörte er irgendwann auf, mir zu prophezeien, dass ich noch besser werden würde. Stattdessen hörte ich dann oft, wie begeistert er von meinen schulischen Leistungen sei.

Heute bin ich dankbar für diese Erfahrung mit meinem Großvater, denn er ist nun mal nicht die einzige Person auf dieser Welt, die so denkt. Hätten meine Eltern mich von der Sichtweise meines Opas ganz ferngehalten, wäre ich vermutlich früher oder später trotzdem auf sie getroffen. Aber dann wäre es vielleicht ein Mensch gewesen, der mir mit nicht annähernd so viel Liebe und Wohlwollen begegnet wäre. Und ich hätte niemanden gehabt, der oder die mir dieses Verhalten übersetzen würde.

6. Wenn Kinder erwachsen werden

Freiheit und Autonomie durch Vertrauen

Ich war 14 und zum ersten Mal verliebt. Wohl kaum jemand wird sich an dieses wichtige Lebensereignis nicht erinnern. In dem, was ich gleich erzähle, geht es aber weniger um ihn und mich, sondern mehr darum, wie meine Mutter mit der Situation damals umgegangen ist.

Ich fühle mich … aufgeregt, kribbelig, ein wenig ängstlich, während ich in der Küche stehe und im Sekundentakt auf die Straße gucke. Die Straße, in die jede Minute ein Auto einbiegen könnte, das ihn mitbringt. Er, das ist ein junger Mann. Mit seinen 16 Jahren zwei Jahre älter als ich und der Grund für die Schmetterlinge in meinem Bauch. Kennengelernt haben wir uns bei der Familienfreizeit vor wenigen Wochen. Deswegen wohnt er nicht in der Nähe, sondern sieben Stunden entfernt. Nach einiger Zeit hin- und herschreiben haben wir beschlossen: Wir wollen uns nochmal sehen. Wir handeln aus, dass seine Mutter ihn vorbeibringt und den Anlass nutzt, Freunde zu besuchen. Deswegen stehe ich also hier und bin aufgeregt. Ich bin allein zu Hause. Darüber freue ich mich, so muss ich das nicht alles vor den Augen der versammelten WG erleben. Meine Mutter hatte keine großen Einwände, das wundert mich nicht weiter. Sie hatte sich sogar dazu entschieden, in dieser Zeit nicht zu Hause zu sein. Bärbel ist da, wenn ich etwas brauche und auch sonst komme ich schon gut allein zurecht. Völlig ungestört können wir uns in der nächsten Woche kennenlernen, Zeit miteinander verbringen, ja sogar in einem Bett schlafen.

Im Nachhinein schmunzle ich manchmal darüber, wie selbstverständlich es damals für mich war, diesen Jungen so „unbegleitet“ kennenzulernen. Mehr und mehr habe ich begriffen, dass das alles andere als selbstverständlich war, wie frei ich in meiner Jugendzeit war. Wenn ich heute sehe, wie viel Vertrauen mir damals schon entgegengebracht wurde, berührt mich das immer noch. Damals jedoch hielt ich das für völlig selbstverständlich – und empfand es als sehr wohltuend. Die ganze Situation an sich war aufregend, und ich konnte meine eigenen Erfahrungen machen, ohne jemand anderem Rechenschaft schuldig zu sein.

Mir war klar: Ich wollte mir Zeit lassen und nichts überstürzen. Er war zwar mit 16 durchaus in einem Alter, in dem der körperliche Teil einer Beziehung interessanter wird, aber ich war mir sicher: Da wird nichts passieren, das ich nicht will. Aus meiner Perspektive schien es verständlich, dass meine Mutter und auch Bärbel sich da gar keine Sorgen machten. Wie viel Vertrauen mir entgegengebracht wurde, verstand ich später, als meine Freundinnen die ersten Auseinandersetzungen mit ihren Eltern hatten. Erst da wurde deutlich: Auch meine Mutter war nicht nur entspannt. Sie machte sich durchaus Gedanken, hatte sich jedoch auch Strategien überlegt, wie es ihr gut damit ging, ohne mich in dieser sowieso schon sehr aufregenden Zeit noch zusätzlich zu drängen. Bärbel zum Beispiel hatte eine Packung Kondome in den Badezimmerschrank gestellt mit den Worten: „Einfach nur zur Sicherheit." Ich erinnere mich kaum an diese Begebenheit, habe aber insgesamt aus diesem Erlebnis zwei Dinge mitgenommen:

Zum einen wird hier für mich deutlich, wie meine Mutter sich mit ihren Bedürfnissen beschäftigte, ohne mich direkt mit einzubeziehen. Wie schön, dass ich meine ersten Erfahrungen in der Liebe machen konnte, mit dem Gefühl von Vertrauen und Sicherheit im Rücken. Und das nur, weil meine Mutter (und auch Bärbel) nicht direkt zu mir kamen, um ihr Bedürfnis nach Sicherheit von mir erfüllen zu lassen. Später erzählte mir meine Mutter, dass sie sich damals selbst Unterstützung in Form von Empathie geholt hatte. Denn es war ihr wichtig, anders reagieren zu können und mir Vertrauen entgegenzubringen. Damals habe ich davon nichts mitbekommen. Und das ist total okay, das war für mich in diesem Moment auch überhaupt nicht wichtig. Ich habe für mich selbst gesorgt und das war alles, was zählte. Durch ihr Vertrauen in mich habe ich die Freiheit bekommen, für mich selbst zu sorgen.

Was mich direkt zum nächsten Punkt bringt: Im Nachhinein bin ich beeindruckt von der 14-jährigen Lea und ihrer Fähigkeit, Grenzen zu setzen und für sich zu sorgen. Ich stelle die These in den Raum, dass auch diese Fähigkeit gefördert wurde, weil ich erleben konnte, wie vertrauensvoll mein Umfeld mir begegnet ist. Ich denke, dass ich dadurch viel mehr verstanden habe, dass es mein Leben ist und letztendlich ich in der Verantwortung bin, auf mich zu achten. Dieses Vertrauen und dieser Freiraum haben mir gezeigt: Ich kann für mich gehen. Ich bin in der Lage zu sagen, was ich will und was nicht. Es ermöglichte mir eine innere Verbindung zu mir, die mit Sicherheit dadurch gestärkt wurde, dass ich mein Leben lang lernte, mich mit meinen Gefühlen und Bedürfnissen auseinanderzusetzen. Es ist schwer, diesen Aspekt irgendwie in Erlebnissen oder Beispielen zu erklären (dennoch findest du im weiteren Verlauf dieses Buchs auch hierzu eine Geschichte), aber ich kann heute sagen, wie wichtig dieses Vertrauen für mein Großwerden war. Sicherlich, das hat bestimmt nicht nur mit GFK zu tun und doch half es meiner Mutter mit Sicherheit, sich sowohl in mich hineinzuversetzen als auch für sich zu sorgen (denn ich bezweifle überhaupt nicht, dass es auch Situationen gab, in denen ihr das mit dem Vertrauen doch schwerer fiel als ich weiß).

Über die Kunst, gemeinsame Lösungen zu finden

Gerade in meiner Teeangerzeit war ich oftmals sehr dankbar für das entspannte Verhältnis zu meinen Eltern. Viele Themen, die in den Familien meiner Freundinnen zu Streit führten, waren bei uns schnell gelöst und kaum Thema. Natürlich haben auch wir uns gestritten, aber alles in allem doch eher selten. Die Geschichte, die ich gleich erzähle, ist für meine Teenagerzeit ganz typisch. Es geht um ein Thema, bei dem meine Freundinnen oft Streit und Frustration erlebten, wohingegen meine Mutter und ich es immer gut lösen konnten.

Es ist Freitagabend und ich bin zu einer Party eingeladen. Da die meisten meiner Freunde auf dem Dorf wohnen, ist es eine Dorfparty. Der letzte Bus nach Hause fährt um 23 Uhr. Ich bin erst 16 Jahre alt und auch niemand anders in meinem Freundeskreis darf schon Auto fahren. Also müssen meistens unsere Eltern herhalten, um uns hinzufahren oder abzuholen. Genau deswegen stehe ich jetzt vor meiner Mutter: „Mama, kannst du mich heute Abend von dieser Party abholen?“ Meine Mutter sitzt auf dem Sofa und strickt. Sie guckt zu mir hoch und lächelt mich wissend an. Sie weiß, dass ich nur ungern danach frage. Am liebsten bin ich selbstständig und frei unterwegs. Meine Freundin hatte bereits Streit mit ihrer Mutter. „Ich hole dich um 12 Uhr ab. Ende der Diskussion“, so endete ihr Gespräch darüber. Dennoch bin ich gerade entspannt, denn wir hatten diese Situation schon öfter. Deswegen überrascht mich die Reaktion meiner Mutter nicht: „Na klar. Um wieviel Uhr denn?“ Ich denke kurz nach, überlege, was meine allerliebste Zeit wäre. „Ich weiß nicht … Vielleicht so um 3 Uhr?“ Bei dieser Zeit stöhnt meine Mama kurz auf. „So spät?“ Sie denkt kurz nach. „Nein, das ist mir zu spät. Ich will ja auch noch Schlaf bekommen.“ „Okay. Wann wäre für dich okay?“ frage ich. Sie überlegt kurz. „Also, ich könnte dich um 2 Uhr abholen. Ich weiß, dass es dir auch wichtig ist, lange genug zu bleiben, um richtig Spaß haben zu können. Dann gehe ich früh ins Bett und stelle mir auf kurz vorher einen Wecker. Ich bekomme meinen Schlaf und du kannst lange bleiben. Wie klingt das?“ Ich grinse und gebe ihr einen Kuss auf die Wange. „Perfekt!“

Ich hatte viele solcher Situationen mit meinen Eltern. Sie gingen eigentlich immer so aus, dass wir beide zufrieden waren. Durch das Wissen, dass wir beide unterschiedliche Bedürfnisse haben und dass es viele Wege gibt, diese zu erfüllen, konnten wir entspannt über einen gemeinsamen Weg verhandeln. Nicht so bei meinen Freundinnen, die dafür kämpfen mussten, gehört zu werden und doch meist unzufrieden aus dem Gespräch hinausgingen. Genau solche Situationen wie die zuvor beschriebene haben mich erleben lassen: Ich bin wichtig, meine Wünsche werden gehört und ich kann etwas erreichen. Ich hatte Erfolg in den Gesprächen, denn ich bekam am Ende, was ich wollte. Gleichzeitig erlebte ich auch, dass meine Mutter zufrieden war. Das war für mich grundlegend für ein entspanntes Verhältnis zu ihr.

Eine kleine Anekdote am Rande: Nicht selten konnte mich meine Mutter früher abholen. Und das aus zwei Gründen: Zum einen hatte ich nicht den Drang, es ausreizen zu müssen. Zum anderen war ein Großteil meiner Freundinnen schon nicht mehr da, denn sie waren ja früher abgeholt worden.

Wenn Harmonie an Grenzen kommt

In der folgenden Geschichte geht wieder um meinen Schulwechsel, die daraus resultierende Notwendigkeit, Lernstoff nachzuholen und die Erinnerung daran, wie wir damit umgegangen sind:

Eine Zeit lang versuchten meine Mutter und ich, gemeinsam die fehlenden Themen des Mathematikunterrichts nachzulernen – eine Konstellation, die einiges an Konfliktpotenzial beinhaltete. Trotzdem kam es nur selten zu Streit – was wohl zu großen Teilen dem Bewusstsein meiner Mutter für Bedürfnisse und dem Wissen über Strategien zu verdanken ist.

Bevor ich nun schildere, was tatsächlich passiert ist, möchte ich ein kleines Gedankenexperiment machen: Was wäre wohl passiert, wenn meine Mutter dieses Wissen und dieses Bewusstsein nicht gehabt hätte? Auch dann hätten wir vermutlich gemeinsam Mathe gelernt. Meine Mutter wäre aber vielleicht gestresst gewesen und hätte einen starken Druck gespürt: „Ich muss meiner Tochter dabei helfen und sie muss es lernen. Anders geht es nicht." Mit dieser Überzeugung wäre es ihr viel schwerer gefallen, auf meine Schwierigkeiten einzugehen. Meine Angst, dass ich das nicht kann, es aber können muss, hätte vermutlich genau ihrer Angst entsprochen. Als wir dann für dieses Buch noch einmal über diese Situation sprachen, sagte sie, in ihr seien sehr wohl Ängste oder Urteile, wie ich sie oben benannt habe, lebendig gewesen. Es war eigentlich alles dabei, angefangen mit Urteilen wie: „Sie soll sich jetzt mal nicht so anstellen, das ist doch gar nicht so schwer!" bis hin zu Ängsten: „Was, wenn sie das niemals lernt?!" Doch sie schaffte es, ihre Urteile und Ängste zu sich zu nehmen und sie nicht mit den meinen zu vermischen.

Wenn meine Mutter also nicht in der Haltung der GFK („Du bist willkommen mit deinen Gefühlen") gewesen wäre, hätte sie vermutlich entweder versucht, mich zu beschwichtigen („Das stimmt doch gar nicht, dass du das nie lernst. Das klappt schon.“) oder hätte angefangen, mir Vorwürfe zu machen („Stell dich nicht so an. Du gibst dir ja gar keine Mühe!“). So oder so, es wäre wohl nicht gut bei mir angekommen. Spätestens hier hätten wir vermutlich gestritten, beide gestresst und unter Druck. Ich stelle mir vor, dass wir den Streit zwar irgendwann hätten beilegen können, er jedoch bei der nächsten Situation wieder hochgekocht wäre. Einfach deswegen, weil wir nicht auf die Idee gekommen wären, nach einer anderen Strategie zu suchen, sondern an dem Glauben festgehalten hätten, dass es doch irgendwie gehen muss mit uns beiden.

Nach diesem kleinen Gedankenexperiment zu dem, was hätte sein können, folgt jetzt, wie es wirklich war:

„Ich kann das einfach nicht!“ Frustriert schlage ich mein Mathebuch zu und vergrabe den Kopf in den Händen. Meine Mutter neben mir seufzt. Sie erklärt mir nun bestimmt schon zum dritten Mal, wie genau Prozentrechnung funktioniert. „Schau, Lea. Das ist gar nicht so schwer“, sagt sie, schlägt das Buch wieder auf und zeigt auf eine Aufgabe. „Nicht schwer? Du hast doch gar keine Ahnung!“ Ich werde wütend, habe Stress. „Das ist total schwer. Und überhaupt erklärst du das auch gar nicht gut.“ Meine Mutter bleibt noch ruhig, schiebt mir das Buch zu und zeigt wieder auf die Übung. „Okay. Ich verstehe, dass das für dich gerade richtig schwierig ist. Aber guck, wenn du diese Zahl nimmst und durch diese teilst, dann hast du doch das richtige Ergebnis.“ Ich gucke auf die Seite. Für mich ergibt das alles gar keinen Sinn. Ich bin frustriert und irgendwie will ich es auch gar nicht verstehen. Meine Frustration entlädt sich an meiner Mutter: „Hä?! Gerade hast du mir das aber anders erklärt. Ich verstehe das nicht. Ich werde es niemals verstehen. Und du bist auch keine Hilfe!“ Nun schreie ich sie an. Ich schlage das Buch wieder zu, schlinge mir die Arme um die Knie und starre auf den leeren Tisch vor mir. „Also komm, Lea. Ich gebe hier echt mein Bestes. Besser kann ich es dir nicht erklären. Ich bin sicher, dass du das hinbekommst!“ Nun ist auch meine Mutter genervt. Wir sitzen schon lange an diesen Aufgaben. Ich stehe auf und renne aus dem Wohnzimmer. „Dann lerne ich es halt nicht. Ist doch auch egal!", schreie ich noch, dann knalle ich meine Zimmertür hinter mir zu.

Eine ganze Weile lang liege ich auf dem Bett und gucke an die Decke. Ich fühle mich allein und verzweifelt. Ich brauche Unterstützung, aber irgendwie kann ich sie von meiner Mutter nicht nehmen. Irgendwann klopft es an meiner Zimmertür. Meine Mutter kommt rein und setzt sich neben mich auf das Bett. „Weißt du, Lea, ich glaube, wir sollten, aufhören gemeinsam Mathe zu lernen. Ich merke, dass das für dich schwer ist und dass du Unterstützung brauchst. Gleichzeitig komme ich an meine Grenzen. Ich glaube, ich kann dich da nicht so unterstützen, wie du das bräuchtest. Außerdem habe ich auch unsere Beziehung im Blick und ich möchte nicht, dass sie darunter leidet. Deswegen habe ich darüber nachgedacht, wer dir damit besser helfen könnte. Es gibt doch in deiner Schule dieses Nachhilfeprogramm, oder? Das, in dem die älteren Schüler den jüngeren helfen. Vielleicht können wir dich ja da anmelden?"

Ich weiß noch, wie ich da lag und meine Mutter mir diesen Vorschlag machte. Im ersten Moment fiel es mir schwer, den Gedanken an offizielle Nachhilfe zuzulassen. Gleichzeitig war mir bewusst, dass es so nicht weitergehen konnte. Also stimmte ich ihrem Vorschlag zu. Und wisst ihr was? Dieses Nachhilfeprogramm war das Beste, das mir hätte passieren können. Gemeinsam mit drei anderen Mädchen aus meiner Klasse blieb ich an einem Nachmittag länger in der Schule und eine sehr nette Schülerin aus der elften Klasse erklärte mir all das, was ich im Matheunterricht nicht verstanden hatte. Kein Geschrei, keine Verzweiflung, kein Streit. Ganz im Gegenteil, auf einmal machte Mathe mir Spaß und ich gewann sogar noch neue Freundinnen dazu. Ich merkte, dass ich nicht allein war mit meinen Schwierigkeiten, die Themen zu verstehen.

Ich bin meiner Mutter sehr dankbar für ihre Hilfe und auch dafür, dass ihr schließlich klar wurde, dass ich etwas anderes brauchte. Sie erkannte damals nicht nur ihre eigenen Grenzen und sorgte für sich, sondern hatte gleichzeitig auch meine Bedürfnisse im Blick und fand eine neue Strategie, die mir diese erfüllen konnte.

Ich habe in dieser Situation erlebt, dass es wichtig ist, ernst zu nehmen, wie es mir geht. Wenn ich mich in einer Situation unwohl, gestresst, unter Druck oder ähnliches fühle, heißt das nicht, dass ich das einfach so hinnehmen muss. Ganz im Gegenteil, diese Gefühle sind ein Hinweis darauf, dass hier etwas nicht erfüllt ist. Meine Mutter zeigte mir außerdem, dass es total okay ist, auch mal frustriert zu sein. Sie blieb bei mir, suchte nach einer Möglichkeit, wie es besser gehen konnte, damit wir beide diese Frustration nicht mehr fühlen mussten. Außerdem erlebte ich, dass es für die Erfüllung meines Bedürfnisses nach Unterstützung noch andere Strategien gab, als mir von meiner Mutter helfen zu lassen. Die Lösung, die wir dann fanden, erfüllte gleichzeitig noch andere Bedürfnisse: das nach Harmonie in unserer Familie und Verbindung mit meiner Mutter, sowie das nach Spaß, Zugehörigkeit und Wachstum beim Nachhilfeunterricht. Eine neue Strategie zu finden war also das Beste, was wir tun konnten. Nie wieder haben wir gemeinsam Mathe gelernt und uns auch nie wieder darüber gestritten.

Was habe ich aus dieser Erfahrung mitgenommen? Nicht immer ist es die Strategie, die sich als erstes anbietet und die so naheliegend scheint, die am besten die meisten Bedürfnisse erfüllt. Wenn man merkt, etwas läuft nicht ideal, ist es gut, sich nach anderen Möglichkeiten umzugucken. Und was man dann entdeckt, kann manchmal viel schöner und erfüllender sein, als es der alte Lösungsweg jemals hätte sein können.

Ich nehme außerdem mit, wie wichtig es ist, meine eigenen Grenzen zu wahren und diese nicht zu überschreiten, um gut mit mir und anderen in Verbindung zu sein. Hätte meine Mutter ihre Grenzen in dieser Situation nicht wahrgenommen, wären wir vermutlich in der oben beschriebenen „Was-wäre-wenn"-Situation gelandet und über diese schwierige Situation namens Mathelernen nicht gut in Verbindung gekommen.

Wie schaut Leas Mutter auf die Pubertät ihrer Tochter zurück?

„Pubertät? Hmmm ..., also ich würde ja sagen, dass weder Lea noch Clara eine riesenauffällige Pubertät hatten. Bei Clara habe ich immer gesagt: ‚Uh,

da wird uns was bevorstehen.‘ Aber das kam nie. Ich bin echt überzeugt, dass Kinder dann stark aufbegehren in der Pubertät, wenn sie vorher nicht genug Akzeptanz und Freiraum für sich bekommen haben. Ich hatte den Eindruck, die beiden hatten das einfach nicht nötig, für ihres zu kämpfen, weil sie immer Wertschätzung für ihres erlebt haben. Ich glaube wirklich, dass sie ein Riesenvertrauen hatten, dass das, was sie brauchen, zählt. Es war nicht nötig, dafür zu kämpfen. Und dass ich das, was sie wollen, zumindest höre, was nicht heißt, dass sie alles kriegen. Sondern wenn ich ‚Nein‘ sage, dass ich das aus guten Gründen tue, die sie nachvollziehen können. Und auch, wenn sie das nicht gut finden, wissen sie doch zumindest, dass ich ihnen das erkläre.

Natürlich gibt es eine Hierarchie in dem Sinne, dass ich manche Entscheidungen treffe aus meiner größeren Erfahrung als Erwachsene heraus und aufgrund meiner Verantwortung, die ich als Mutter übernehme. Aus einer anderen Perspektive gibt es keine Hierarchie, denn das heißt ja noch lange nicht, dass meine Bedürfnisse mehr zählen. Alle Bedürfnisse zählen, und das spielt bei der Pubertät mit hinein.“

Eine Phase der Pubertät, die viele Eltern als super anstrengend empfinden, in der sie verzweifeln, unsicher werden, über ihre Kinder schimpfen und an ihre Grenzen kommen, kennt Leas Mutter in dieser Ausprägung tatsächlich nicht. Aber natürlich herrschte auch in dieser Familie nicht nur heile Harmonie, sondern es gab auch Auseinandersetzungen, Genervtsein und Situationen, in denen gegensätzliche Verhaltensweisen und Meinungen und die unterschiedlichen Persönlichkeiten aufeinanderprallten. Der Umgang damit war aber ein anderer.

Marianne beschreibt dazu: *„Der wertschätzende Blick auf das, was jemand tut – das war für mich wirklich ein absoluter Aha-Effekt, also zu merken: Wow, das macht was, wenn ich meine Bewertung im Kopf verändere und das auch nach außen transportiere, das verändert alles. Ich glaube, dass es gerade mit Kindern schnell passiert, dass man Sätze wie ‚ach, Clara schon wieder‘ entwickelt, und sich dann so ein negativ behaftetes Bild verfestigt, weil sie eben nicht immer machen, was man will. Dann gibt es einen Teufelskreis. Ganz bewusst diese wertschätzende Haltung einzunehmen, verändert den Blick auf das Kind total.“*

7. Natürliche Veranlagung oder Nebenwirkung der GFK?

Schlechtes Gewissen: Ich kann doch eh nicht Nein sagen

Meine Mutter und ich sitzen am Esstisch, vor uns leere Teller und schmutziges Geschirr. Meine Mutter hat gekocht, obwohl sie erst vor wenigen Stunden von einem Seminar zurückgekommen ist. Ich weiß nicht mehr, was es gab. Aber es hat mir mit Sicherheit geschmeckt. Es herrscht zufriedene Stille. Nach einem langen Schultag ist mein Bedarf an sozialer Interaktion vollständig gedeckt und ich möchte nur noch in mein Zimmer gehen und allein sein. Also schnappe ich mir meinen Teller, stelle ihn auf die Arbeitsplatte, denn die Spülmaschine ist voll. Ich bin schon im Begriff die Küche zu verlassen, da höre ich meine Mutter:

„Weißt du Lea, ich bin gerade echt müde und erschöpft. Es würde mich total unterstützen, wenn du jetzt noch die Spülmaschine ausräumst. Machst du das?"

Wie oft ich diesen Satz oder ganz ähnliche Sätze in meinem Leben wohl schon gehört habe – vielleicht so tausendmal? An dem Satz ist nichts verwerflich. Gefühle, Bedürfnis, Bitte. Wie aus dem Lehrbuch hat meine Mutter ausgedrückt, was ihr jetzt guttun würde. Und das ist bestimmt viel schöner zu hören als: „Ist mir egal, ob du das willst. Du räumst jetzt die Spülmaschine aus. Ende der Diskussion."

Doch auch, wenn meine Mutter einen solchen perfekten GFK-Satz sagte, löste das bei mir manchmal eine Reaktion aus wie: *„Toll! Jetzt kann ich nicht nein sagen. Wie soll ich denn bockig sein und es nicht wollen, wenn ich weiß, wie kaputt sie ist und was es ihr bedeuten würde, wenn ich das jetzt mache?"* Ich habe aus der Bitte meiner Mutter in meinem Kopf eine Forderung gemacht und daraus geschlossen, dass mein Widerstand sowieso keine Berechtigung hat.

Oder sowas hätte in meinem Kopf ablaufen können: *„Man, warum kann sie nicht einfach sein wie alle anderen Eltern und mich zwingen, es zu tun? Ich kann nicht nein sagen, und wenn ich tue, was sie will, sieht es so aus, als täte ich es freiwillig. Dabei ist das gar nicht so. Dann sage ich jetzt halt ganz genervt ja."*

Für meine Mutter war es bestimmt nicht leicht, sich so auszudrücken, dass ohnehin dauergenervte Teenie-Ohren das Gesagte nicht als Nerverei hörten. Dennoch finde ich es spannend zu beobachten, was in mir als Reaktion auf die Bitte meiner Mutter passierte: Unbeabsichtigt hatten ihre Worte in mir ein schlechtes Gewissen ausgelöst, das mich daran hinderte, Nein zu sagen. Schließlich wollte ich nicht, dass es meiner Mutter schlecht ging. Welche Wahl hatte ich? Nein sagen und ein schlechtes Gewissen haben, weil ich dafür verantwortlich war, dass meine Mutter noch erschöpfter sein würde? Oder genervt einer Aufgabe nachgehen, auf die ich gerade so überhaupt keinen Bock hatte? Beides doof, und am Ende überwog das Pflichtbewusstsein. Diesen Zwiespalt wollte meine Mutter natürlich nicht in mir auslösen (auch, wenn sie bekam, was sie wollte). Für mich zeigt sich hier, wie schwierig, ja geradezu unmöglich es ist, sich so auszudrücken, dass das Gesagte nichts Unangenehmes in einem Kind auslöst.

Inzwischen weiß ich: Hätte ich wirklich einen Einwand gehabt, hätte ich ihn jederzeit ausdrücken können. Schließlich war Mamas Selbstausdruck eine Bitte, die auch mit einem Nein beantwortet werden darf. Heute weiß ich das, erlaube mir das immer öfter und kann über die Situationen von damals schmunzeln.

Mit diesem Erlebnis möchte ich euch also vor allen Dingen mitgeben: Auch wenn ihr noch so vorbildhaft von euch sprecht, werden eure Kinder trotzdem manchmal genervt sein und ein „Muss" hören. Lasst euch davon nicht demotivieren oder unterkriegen. Ein solches Missverständnis ist immer noch um Längen besser, als das Kind vor vollendete Tatsachen zu stellen.

Neinsagen ist schwer

Wie ich im vorhergehenden Abschnitt bereits erwähnt habe, habe ich noch heute Schwierigkeiten damit, Nein zu sagen und meinen Widerstand zu äußern. Das ist tatsächlich nicht auf bestimmte Situationen beschränkt. Ich beobachte das in vielen Bereichen meines Lebens, selbst dann, wenn mein Mann mich nur darum bittet, den Müll rauszubringen.

Wenn er mich fragt, ob ich nicht noch eben den Müll rausbringen kann und in mir eigentlich so etwas lebt von: „Ach ne, da bin ich grad echt zu müde zu", beobachte ich, dass ich dazu neige, diesen Gedanken direkt zur Seite zu schieben. Mit einem inneren Einwurf, dass das doch egal wäre, reagiere ich auf seine Frage meistens genervt mit „Ja, klar". Manchmal sagt mein Mann mir dann sogar, dass ich auch Nein sagen kann. Leichter gesagt als getan. Mit einem Nein tue ich mich einfach schwer und frage mich: Könnte das eine Nebenwirkung der GFK sein?

In dem Interview mit Bärbel erzählt meine Mutter, dass sie die Vermutung hat, mein sowieso schon stärker ausgeprägtes Einfühlungsvermögen sei durch die GFK noch verstärkt worden und damit auch meine Neigung, eher in die Einfühlung zu gehen, als mich für mich selbst einzusetzen. Das fand ich spannend zu lesen, denn es deckt sich mit meiner Selbstwahrnehmung. Ob zu meiner Schulzeit oder nun in meinem Erwachsenenleben, ich erlebe mich selten wütend. Ein gutes Beispiel hierfür sind die Situationen, in denen ich meinem Freund von etwas erzähle, das mir passiert ist. Manchmal reagiert er dann mit Wut und versteht nicht, wieso ich so gar nicht wütend werde. Und ich bin tatsächlich meist nicht wütend, sondern habe eher Verständnis für mein Gegenüber. Ich habe dann so viel Verständnis für diese andere Person, dass es mir sehr schwerfällt, meine eigenen Gefühle und Bedürfnisse noch ernst zu nehmen. Ganz nach dem Motto: „Er/sie hat doch so gute Gründe, so zu handeln. Da kann ich doch jetzt gar nicht böse sein."

Die Frage, wo das wohl herkommt, habe ich mir schon öfter gestellt und ich vermute, dass sicherlich auch meine Erziehung hier eine Rolle spielt. So richtig Sinn hat es für mich aber erst gemacht, als ich diese Zeilen meiner Mutter gelesen habe. Diese Neigung zu Verständnis und dazu,

Empathie zu entwickeln, ist bei mir sicher eine Veranlagung. Und dass diese durch den Fokus meiner Erziehung auf die Gefühle und Bedürfnisse anderer gestärkt wurde, klingt für mich plausibel. Für mich und die Entwicklung meiner Persönlichkeit wäre es vielleicht gut gewesen, mehr über die Wut und ihre Kraft zu lernen. Ich kann mir vorstellen, dass mich das darin bestärkt hätte, für mich einzustehen.

Vielleicht ist es so, dass der Fokus auf die Gefühle und Bedürfnisse der Menschen zwei mögliche Einflüsse haben kann: Entweder lernt ein empathisches Kind ein Handwerkszeug kennen, sich selbst gut zu spüren und ausdrücken zu können. Oder aber es lernt, wie es noch besser und mehr Fokus auf die Gefühle des Gegenübers legen kann und dass es immer wünschenswert ist, dies zu tun. Ich kann mir vorstellen, dass das irgendwann in so viel Empathie und Verständnis endet, dass die eigenen Gefühle einfach nicht mehr genug Platz haben.

Für mich ist das ein wichtiger Gedanke. Wenn man ihn beim Begleiten seiner Kinder mit GFK beachtet und ernst nimmt, kann man bestimmt helfen, dass die Kinder auch lernen, ihre eigenen Gefühle für wichtig zu nehmen.

Die Empathiefähigkeit und mein großes Verständnis für andere Menschen sehe ich als eine meiner großen Stärken. Leicht zu merken, wie es meinem Gegenüber geht und Verständnis zu haben, hilft mir oft weiter im Leben. Ich denke, dass das auch viele Menschen sehr an mir schätzen. Deswegen möchte ich nicht sagen, dass ich diesen Charakterzug an mir missen möchte. Dennoch habe ich mir schon so manches Mal in meinem Leben gewünscht, meine Wutkraft mehr zu spüren und vor allen Dingen leben zu können.

Und jetzt sagt Bärbel noch etwas zu diesem Thema:

Der Einfluss der GFK auf Persönlichkeit und Entwicklung

Schon als sie Säuglinge waren, war erkennbar, mit welchen unterschiedlichen Persönlichkeiten Lea und Clara auf die Welt gekommen sind. Im Vergleich zu der eher extrovertierten, fordernden und lauten Clara war Lea ruhiger und zurückhaltender, sie bezeichnet sich selbst sogar als schüchtern. Ich fragte Leas Mutter, ob es in der Beziehung zu ihren beiden Töchtern einen Unterschied darin gab, welche Aspekte der GFK jeweils unterstützend waren:

„Grundsätzlich würde ich sagen, dass Lea mehr Stärkung gebraucht hat, mehr Unterstützung für ihr Selbstvertrauen, den Mut, das Eigene nach außen zu bringen, sich für sich einzusetzen, also für ihren Selbstausdruck: ‚Ich darf für mich sorgen.' Hier hat Lea immer wieder Unterstützung gebraucht.

Bei Clara war es eher das Sich-bewusst-Machen, was ihr Verhalten für eine Auswirkung hat. Sie hatte ja überhaupt keine Probleme damit, nach außen zu gehen und sich für sich einzusetzen. Aber dann zu merken: Aha, so wirkt das auf andere – das war eher das, was für sie wichtig war.

Ich glaube, Lea war von früh an von sich aus sehr empathisch und hat sich dabei schnell selbst vergessen, oder sich nicht getraut, sich für sich einzusetzen. Bei Clara war es genau andersherum."

Hier wird deutlich, dass Leas Eltern ihr eher zurückhaltendes Wesen durchaus im Blick hatten und ihnen wichtig war, Leas Entwicklung dahingehend zu fördern, dass sie lernte, sich mehr für sich selbst einzusetzen.

Meine Einschätzung ist, dass die Haltung und Anwendung der Gewaltfreien Kommunikation durch ihre Eltern sicherlich Leas hohe Empathiefähigkeit noch gefördert hat. Ob es dem Einfluss der Gewaltfreien Kommunikation geschuldet ist, dass Lea immer wieder Schwierigkeiten hat, sich für ihre eigenen Bedürfnisse stark zu machen, bezweifle ich persönlich allerdings. In der Persönlichkeitsentwicklung spielen viele verschiedene Faktoren eine Rolle, und deshalb lässt sich diese Frage aus meiner Sicht so gar nicht beantworten. Entwicklung ist vielschichtig. An jedem Aspekt von Entwicklung sind ererbte Anlagen, das direkte Umfeld mit seinen bewussten und unbewussten kulturellen Botschaften des Familiensystems sowie Kita, Schule, Peergroup usw. beteiligt.

Und auch Leas Eltern sind Menschen, die nur im Rahmen ihrer Möglichkeiten und Grenzen bewusst agieren können, die wie alle Menschen auch innere und äußere Konflikte haben und Stress erleben. Zu denken, wir könnten in jeder Minute unseres Lebens GFK bewusst leben, ist eine Illusion. Sicherlich hat auch Lea in ihrer Familie die Erfahrung gemacht, dass sie mit ihren Wünschen zu einem bestimmten Zeitpunkt nicht willkommen war, was in ihr vermutlich eine ganz andere Wirkung entfaltete als bei ihrer Schwester, die diesbezüglich mit einem „dickeren Fell“ ausgestattet ist.

Außerdem kommen Erfahrungen in Kindergarten und Schule hinzu, die wir in ihrer Wirkung nicht unterschätzen dürfen. Wir alle tragen unser Gepäck mit unseren Lernaufgaben und Entwicklungspotenzialen, davor kann uns auch die Gewaltfreie Kommunikation nicht schützen. Aber sie kann erheblich unterstützen, dass wir lernen, uns mit unserem Gepäck anzunehmen, anzuerkennen, dass wir es haben und uns Schritt für Schritt weiterzuentwickeln.

Ich würde die Frage, welchen Einfluss die GFK auf Leas Entwicklung hatte, anders betrachten. Wenn ich sehe, in welcher Klarheit sie Entscheidungen für ihr Leben trifft und nicht bereit ist, etwas auszuhalten, das nicht zu ihr passt, habe ich großen Respekt. Und wenn ich erlebe, in welch vertrauensvoller und herzlicher Beziehung sie mit ihrer Mutter ist, berührt mich das sehr.

Ich selbst war ja, ähnlich wie Lea, als Kind zurückhaltend. In unseren Gesprächen erleben wir viele Parallelen, wie wir uns als Kinder gefühlt haben. Aber mit der Erziehung, die mich geprägt hat, habe ich erst nach vielen Jahren Psychotherapie und Seminaren in Gewaltfreier Kommunikation gelernt, zu spüren und ernst zu nehmen, wenn etwas für mich nicht passt und mich für mich einzusetzen. Das Neinsagen fällt mir heute noch schwer.

8. Zu Risiken, Neben- und Auswirkungen

Im Lauf meiner Schulzeit habe ich mehrfach erleben müssen, wie anders die Welt doch oftmals tickt – anders, als ich es gewohnt war. Manchmal war das mehr als nur frustrierend. Auch bei anderen Gelegenheiten merkte ich Auswirkungen meiner etwas anderen Art des Aufwachsens. Darum und wie diese Auswirkungen mein Leben beeinflussten, soll es in diesem Kapitel gehen.

Ein Schulerlebnis

Grundsätzlich fühlte ich mich in meiner Schule wohl und gut aufgehoben. Und trotzdem machte ich häufiger die Erfahrung, dass es nicht überall auf der Welt so zuging wie zu Hause. Je älter ich wurde, desto deutlicher wurde das. Vor allem in meinen letzten beiden Schuljahren kam meine Art, eigenständig zu sein und für mich zu sorgen, nicht unbedingt bei allen Lehrer*innen immer gut an.

„Und deswegen habe ich entschieden, dass ihr nun doch heute euer Referat halten müsst", endet mein Lehrer. Im Klassenraum macht sich Entsetzen breit. Uns allen steht ins Gesicht geschrieben: So war das aber nicht abgemacht! Weil ich inzwischen echt genervt bin von diesem Mann und das überhaupt nicht fair finde, spreche ich auch genau das aus: „Das ist aber doch nicht fair! Sie haben zuletzt gesagt, wir hätten noch eine Stunde Zeit zum Vorbereiten. Und jetzt sollen wir doch schon vortragen? Das finde ich unfair und das nervt mich. Wo ist das denn gerecht?" „Da sieht man mal wieder, dass man niemals alles auf den letzten Drücker machen sollte", erwidert der Lehrer. Er scheint nicht gewillt, seine Entscheidung zu überdenken. „Aber das haben wir doch gar nicht!" widerspreche ich. „Trotzdem sind wir noch nicht fertig und ich finde, das sollten sie respektieren." Meine Mitschüler*innen nicken bestätigend, doch er wirft mir nur einen eisigen Blick zu und schüttelt den Kopf. Seufzend sammeln wir unsere Sachen zusammen und halten, wohl oder übel, unser unfertiges Referat. Als ich am Ende der Stunde meine Sachen packen möchte und innerlich schon bei meinen Freundinnen meinen Frust über diesen Mann rauslasse, hält er mich zurück. Als ich vor seinem Tisch stehe, schaut er mir in die Augen und sagt: „Du solltest aufhören, so viel zu diskutieren, Lea. Das ist nicht gut für dich."

Ich erinnere mich noch gut daran, wie ich mich damals fühlte. Ich war sehr wütend und auch hilflos, vor allem aber war ich fassungslos. Natürlich hatte ich schon öfter erlebt, dass meine eigene Meinung in der Schule nicht allzu viel zählte. Doch in der Oberstufe schien es besser zu sein, denn ich hatte jetzt auch Lehrer*innen, denen wichtig war zu hören, was ich dachte. Dass mir nun jemand so direkt ins Gesicht sagte, ich sollte meine Meinung für mich behalten, hat mich wirklich schockiert, frustriert und verunsichert.

Neben diesem Frust war da aber auch Angst. Ich fragte mich: „Wo kann ich denn wirklich so sein, wie ich bin?" In der Schule für meine Bedürfnisse einzustehen, kostete mich Mut, und die Erfahrung, dass dies nicht gewollt war, war schmerzhaft.

Für mich sieht das nach einer „Nebenwirkung" meiner GFK-Erziehung aus. Was meint Bärbel dazu?

Es gibt Nebenwirkungen einer GFK-Erziehung

Tatsächlich sehe ich das auch so. Wenn Kinder in der Haltung der GFK aufwachsen, lernen sie ganz selbstverständlich, ihre Bedürfnisse nicht nur wahrzunehmen, sondern sie auch zum Ausdruck zu bringen und für sie einzustehen. In ihrem häuslichen Umfeld erleben sie, dass sie damit willkommen und sicher sind und diese Fähigkeit sogar zur Klärung und Konfliktlösung beiträgt.

Anders sieht es in Kitas und Schulen aus. Hier trifft man häufig auf Menschen, die diese Fähigkeiten nicht gelernt haben und auch nicht, mit der daraus resultierenden Ehrlichkeit umzugehen. Sie sind in ihrer „Sozialisation der Anpassung" gefangen und erwarten ein entsprechendes Verhalten auch von anderen. Noch immer funktionieren die meisten Kitas und Schulen auf Grundlage von hierarchischen Prinzipien (siehe Abschnitt „Das kulturell geprägte ‚Bild vom Kind' …", Seite 31). Kinder, die zum Ausdruck bringen, was ihnen nicht gefällt, bekommen schnell das Label „unverschämt" oder „aufmüpfig" und erleben plötzlich eine Kultur jenseits von Augenhöhe, was für Verunsicherung und Stress sorgt. Übrigens auf beiden Seiten: Fatalerweise denken Lehrer*innen oder Erzieher*innen oft, dass sie sich den Respekt jetzt nur mit Strenge und Strafen sichern, was die Situation natürlich weiter verschärft. Es entsteht ein Teufelskreis, der nur schwer zu durchbrechen und sehr häufig Thema in meinen Gesprächen mit Eltern ist.

Allerdings erlebe ich in den allermeisten Fällen, dass Kinder oder Jugendliche mit einer GFK-Kindheit einen hohen Resilienzfaktor aufweisen. Sie lernen deshalb, mit einer solchen Situation umzugehen und sich zu arrangieren. Die Eltern, die ihnen zuhören, sie ernst nehmen, die ihre eigene Sicht auf die Situation offenbaren und mit denen sie gemeinsam nach Lösungen Ausschau halten können, haben sie ja schon ☺. Letztlich kann dabei auch ein Schulwechsel herauskommen, wie Lea ihn in Kapitel 5 beschreibt (Seite 121).

Erwartungshaltungen

In ihrer Kindheit hat Lea in ihrer Familie und im Freundeskreis erlebt, wie Menschen empathisch miteinander kommunizieren. Als sie älter wurde, war sie als Teammitglied bei den GFK-Familienfreizeiten willkommen. Natürlich waren solche fremden und neuen Rollen auch für sie mit Unsicherheit und Ängsten verbunden. Sie wollte so sein wie die Erwachsenen und hat daraus Erwartungen an sich selbst entwickelt. Davon berichtet sie im folgenden Abschnitt:

Anspruch an mein Empathie-Geben

Die Begebenheit, von der ich gleich berichten werde, habe ich erst als Erwachsene wirklich verstanden. Dafür ist es wichtig zu wissen, dass ich nicht nur zeitweise in einer WG mit zwei GFK-Trainerinnen gewohnt habe, sondern auch viele Jahre meines Lebens (bis ich 18 Jahre alt war) an Familienfreizeiten mit Schwerpunkt GFK als Teammitglied teilgenommen habe. Ich war dort, zusammen mit anderen Menschen, für das Kreativangebot für Kinder zuständig und saß einmal am Tag mit mehreren erfahrenen Trainer*innen in einer Teambesprechung.

Mein Mann und ich gerieten eine Zeitlang öfter in Situationen aneinander, in denen ich ihm Empathie geben wollte. Erst vor wenigen Monaten habe ich verstanden, was in mir passierte, wenn es dazu kam. Ich bemerkte: Wenn es nicht so funktionierte, wie ich mir das vorstellte, geriet ich schnell in Stress. In mir tauchte der Satz auf: „Ich muss das doch schon so richtig gut können." Bei diesem Satz fühlte ich Scham und Unsicherheit, und mir ging es um Zugehörigkeit und Sicherheit. Mit meinem Anspruch, richtig gut Empathie geben zu können, versuchte ich, mir diese Zugehörigkeit zu erfüllen.

Wie aber kam ich darauf, mir Zugehörigkeit mit „richtig guter" Empathie erfüllen zu können? Vermutlich, weil ich bei den Familienfreizeiten die erfahrenen GFK-Trainer*innen bei ihrer Arbeit und in ihrem Miteinander erlebt habe und damit quasi auch, wie „gute Empathie" funktioniert. Das war sehr spannend und durchaus auch lehrreich. Allerdings setzte ich mich selbst sehr unter Druck und hatte die Sorge: Ich gehöre nur dazu, wenn ich genauso gut Empathie „kann" wie sie. In mir lebte die Angst, irgendwann dabei „erwischt" zu werden, dass ich das nicht so gut konnte.

Mir ist wichtig zu sagen: Weder meine Eltern noch die anderen Trainer*innen können etwas für meinen inneren Druck. Zudem waren die Familienfreizeiten immer ein sehr liebevolles, wertschätzendes Umfeld. Ich konnte viel über mich lernen und wurde aufgefangen. Vermutlich ist der Glaubenssatz „Ich muss Empathie perfekt geben können" vor allem deshalb in mir entstanden, weil ich ein schüchternes Kind war und ohnehin Schwierigkeiten mit Zugehörigkeit und Vertrauen hatte. Neben vielen tollen Erfahrungen durch den intensiven Kontakt mit GFK-Trainer*innen in jungem Alter ist also noch etwas in mir entstanden. Und deshalb möchte ich mit diesem Abschnitt hauptsächlich andere mit GFK Aufwachsende ansprechen und sagen: Es ist okay, wenn ihr nicht ganz so bewandert in GFK und auch nicht so geübt in Empathie seid. Das ist nicht nur okay, das ist völlig normal. Mein Rat ist: Macht euch keinen Druck und lernt in eurem Tempo!

Für mich nehme ich daraus mit: Selbst die schönsten Erfahrungen und Umgebungen können weniger schöne Dinge in mir auslösen. Dafür kann niemand etwas und es ist okay, dass das passiert. Mir ist es wichtig, mich heute mit dieser Lernerfahrung zu beschäftigen. Ich möchte geduldig im Umgang mit mir selbst und nett zu mir sein. Immer mehr verstehe ich: Ich kann so Empathie geben, wie ich das kann. Ich weiß über GFK, was ich weiß. Das ist okay. Das reicht. Und ich lerne jeden Tag dazu.

Jetzt folgen von Bärbel noch einige Erlebnisse zu Neben- und Auswirkungen der GFK.

Einige bemerkenswerte Beispiele für „Neben- und Auswirkungen“

Bei Jugendlichen und jungen Erwachsenen, die in der Haltung der GFK aufgewachsen sind, erlebe ich grundsätzlich, dass sie sich in erstaunlichem Maß selbst ernst nehmen, wenn eine Situation für sie nicht passt. Sie übernehmen die Verantwortung für ihre Bedürfnisse und treten klar für eine Änderung der Situation ein. Für uns Erwachsene ist das vielleicht nicht immer leicht, damit umzugehen. Mir selbst fällt das besonders dann auf, wenn sich im Affekt in solchen Situationen in mir Stress ausbreitet und ich „innere Wölfe“ in Form von Urteilen identifiziere wie: „Das kann man doch nicht einfach so machen!“ „Das muss man doch aushalten können!" „Oh, wie peinlich!" Usw. Erst im zweiten Anlauf erlebe ich einen unbedingten Respekt für diese Klarheit und Ehrlichkeit.

Diese kann sich in ganz verschiedenen Variationen zeigen, und jedes kleine Beispiel spricht für sich:

- Sebastian aus der Lebensgemeinschaft hier im Dorf kommt zum ersten Mal in den Kirchenchor, um zu schnuppern, ob das was für ihn ist. Alle freuen sich, endlich Zuwachs. Es ist üblich, dass wir bei den Proben sitzen. Nach zehn Minuten Probe unterbricht er das Geschehen und sagt: „Ich würde viel lieber im Stehen singen. Ist es möglich, dass wir aufstehen?" Da das Durchschnittsalter in diesem Chor eher höher ist, verneint der Chorleiter diese Bitte. „Stört es jemanden, wenn ich aufstehe?" Wieder verneint der Chorleiter. Daraufhin singt der junge Mann als Einziger bei der gesamten Probe im Stehen.
- Natalie besucht die Oberstufe, ursprünglich mit der Idee, Abitur zu machen. Nach kurzer Zeit merkt sie, dass ihr die Schule überhaupt keinen Spaß macht und sie nur noch mit Widerstand dorthin geht. Sie ist nicht bereit, diesen Zustand die nächsten drei Jahre auszuhalten, geht selbst zum Schulleiter und meldet sich ab. Das teilt sie ihren Eltern mit, die ihre Entscheidung wohlwollend respektieren. Sie lassen ihr Zeit zu entscheiden, was als Nächstes dran ist. Mit dem Nötigsten im Rucksack begibt sich die Jugendliche auf eine Weltreise und kommt nach einigen Monaten mit vielen berührenden und wunderschönen Erlebnissen und Erfahrungen zurück. Für ihr Leben hat sie sicherlich mehr gelernt, als es ihr in der Schule möglich gewesen wäre. Inzwischen hat sie ihre Lehre als Zimmerin mit Note 1 abgeschlossen und den Plan, im kommenden Jahr auf die Walz zu gehen.
- Benjamin hat, einschließlich der vierten Klasse, die freie Schule der Lebensgemeinschaft hier im Dorf besucht; sie wird auf Basis der Gewaltfreien Kommunikation geführt. Ab der fünften Klasse besucht er eine Regelschule. Nach kurzer Zeit soll er eine Strafarbeit in Mathematik schreiben. Daraufhin sagt er zu seinem Lehrer in etwa Folgendes: „Aber wieso ist das denn eine Strafe? Mathe lernen macht doch total Spaß!" Leider hat auch er recht bald den Spaß an der Mathematik verloren.

- Leonie bricht ihr zweites Studium ab, weil sie merkt, dass sie nicht bereit ist, Strukturen auszuhalten, die für sie nicht passen. Sie jobbt erst einmal und lässt sich Zeit mit der Entscheidung, was als Nächstes für sie dran ist. Nach eineinhalb Jahren findet sie das Studium, das zu ihr passt und macht nun bald ihren Abschluss. Ihre Eltern akzeptieren ihre Entscheidung und tragen sie mit.
- Ein guter Freund, Robin, damals 20 Jahre alt, und ich, 55 Jahre alt, wollen gemeinsam im Wald übernachten. Wir finden einen schönen Platz und machen ein Feuer. Natürlich wissen wir, dass man das nicht darf, aber unter Berücksichtigung aller notwendigen Vorsichtsmaßnahmen trauen wir es uns zu. Doch dann nähern sich zwei Hunde und ein Mann, ich sehe sie schon von weitem. Ich werfe einen Stein auf das Feuer, es qualmt wie verrückt, und schon bin ich im „Vollstressmodus“. Der Mann stellt sich als der örtliche Förster vor und sagt: „Sie machen hier ein Feuer?“ Mein Stress steigt, ich stammele: „Ja, ja, ich weiß ja, dass man das nicht darf.“ Er: „Wieso machen Sie es dann?“ Ich: „Äh, äh, äh …“ Er: „Da muss ich jetzt eine Anzeige machen.“ Da mischt Robin sich ein (mein erster Gedanke ist: O nee, jetzt sag doch bloß nichts!!!): „Sagen Sie mal, da bin ich wirklich neugierig und möchte das gerne verstehen: Die Erde ist feucht, wir beachten alle Regeln. Warum ist es so streng verboten? Können Sie mir das erklären?“ Der Förster setzt sich zu uns (es qualmt noch immer …), seine beiden Hunde liegen auf meinem Schoß (!), und er erzählt ausführlich von unterirdischen, kilometerlangen Baumwurzeln von inzwischen toten Bäumen, an denen sich die Glut entlang fressen kann usw. In diesem Gespräch habe ich wirklich etwas gelernt. Robin bedankt sich höflich, ich bleibe in Scham versunken stumm, und der Förster verabschiedet sich mit guten Wünschen für unsere Nacht im Wald. Ich bin mir sicher: Wäre ich allein gewesen, hätte ich eine Anzeige bekommen.

All diese Beispiele geben mir Hoffnung und machen Mut, noch viel mehr Gewaltfreie Kommunikation in die Welt zu streuen. Denn wenn unsere Welt etwas wirklich dringend braucht, dann sind das Menschen, die für sich selbst die Verantwortung übernehmen, die für sich einstehen und in gleicher Weise anderen Menschen mit Empathie begegnen können. Menschen, die in das Leben vertrauen und gemeinsam mit anderen nach kreativen Lösungen suchen, anstatt darüber zu schimpfen, was alles blöd ist und woran andere Leute Schuld sind. Es braucht mehr Menschen, die nicht bereit sind, über ihre Grenzen hinaus Situationen auszuhalten, die ihnen nicht gut tun, sondern die für Veränderung eintreten oder um Unterstützung bitten.

Inzwischen ist es ein ganz normaler Bestandteil meines Alltags, dass junge Paare, die mich kennen, mich um Begleitung bitten, wenn sie es gerade in ihrer Liebesbeziehung schwer haben. Und auch mein Mann und ich suchen andere Menschen auf, wenn wir an unsere Grenzen kommen.

Ein Teil meiner Vision vom sozialen Wandel in unserer Gesellschaft ist, dass alle Menschen ganz selbstverständlich in einem „Dorf" vernetzt sind, wo es ganz natürlich ist, dass sich die „Einwohner*innen" mit ihrer Verletzlichkeit zeigen und gegenseitig unterstützen.

Natürlich gibt es viele Kinder und junge Erwachsene, die die GFK gar nicht kennen und sich trotzdem in ganz ähnlicher Weise verhalten. Mit großer Wahrscheinlichkeit sind auch sie in einem liebevollen und wertschätzenden Umfeld aufgewachsen, in dem sie ernst genommen wurden und erlebt haben, dass sie zählen.

Wenn Kinder sich mit ihren Eltern über ihre Kindheit auseinandersetzen dürfen

Ein wichtiges Merkmal für Gewaltfreiheit und Vertrauen in der Beziehung zu unseren Kindern zeigt sich m.E. darin, dass unsere Kinder sich trauen, sich uns als Eltern ehrlich mit ihrer Kritik zu zeigen. Eine Voraussetzung dafür ist: Wir als Eltern respektieren uns selbst und erkennen radikal an, dass wir im Rahmen unserer Möglichkeiten und Grenzen stets das Beste tun oder getan haben; dass wir dabei zwangsläufig auch an Grenzen kommen und Situationen anders laufen, als wir uns das gewünscht hätten. So ist nicht vermeidbar, dass wir beispielsweise spontan oder aus Liebe Entscheidungen für unsere Kinder treffen, und später stellt sich heraus, dass sie gar nicht gut oder sogar leidvoll für die Kinder waren. Je mehr wir uns dessen bewusst sind und uns selbst damit liebevoll annehmen können, umso unabhängiger werden wir davon, dass unsere Kinder uns toll finden. Und umso leichter können wir unseren Kindern zuhören, wenn sie uns erzählen, womit sie es schwer hatten und was sie anders gebraucht hätten. Das schönste Geschenk, das wir unseren Kindern machen können, ist, ihnen den Raum zu geben, von ihrem Schmerz zu erzählen in der Haltung: Ja, so hat mein Kind es aus seiner Welt heraus erlebt. Vielleicht kann ich sein Erleben selbst gar nicht nachvollziehen. Oder ich merke, wie sehr ich es doch anders gewollt habe. Wieder geht es darum, Mitgefühl für das Kind und für uns selbst zu üben und darüber in Verbindung zu kommen.

Auf unseren Familienfreizeiten ist es üblich, den letzten Abend mit witzigen Sketchen oder Liedern zu gestalten. An einem dieser Abende spielten Jugendliche und junge Erwachsene, darunter auch meine Tochter, typische Szenen aus ihrer Kindheit und Jugend mit GFK-Eltern nach. Das waren Situationen, die sie nervig, anstrengend und in der realen Situation gar nicht lustig fanden. Auch meine Tochter konfrontierte mich mit mir selbst als GFK-übende Mutter. Der Wiedererkennungseffekt war enorm, es war lustig, die Szenen anzuschauen und gleichzeitig natürlich auch ein wenig peinlich. Aber ja, genau so hat sie es erlebt, als ich müde von der Arbeit eine Forderung als Bitte verpackt habe, weil ich dachte, damit gewaltfreier zu sein. Ich habe mich über das Vertrauen und ihren Mut gefreut, an diesem Ort ihr Erleben offen (und schon ein wenig übertrieben) darzustellen. Mir hat es bewusst gemacht, in welchem Dilemma sie oft war. In jedem Fall war dieser Abend nicht nur für uns ein Auslöser für aufschlussreiche Gespräche über das Erleben von Eltern- und Kindsein mit Gewaltfreier Kommunikation.

Auf die Frage, was für ihn cool daran sei, dass seine Eltern „GFK machen", sagte ein Jugendlicher: „Irgendwie habe ich das Gefühl, dass ich mit allem zu ihnen kommen kann. Auch wenn ich meinen Eltern sage, was ich gerade doof an ihnen finde, hören sie mir weiter zu und wollen mich unterstützen. Das ist echt cool."

9. Wo der Schuss nach hinten losging

Aus meiner Sicht ist Gewaltfreie Kommunikation für uns und unsere Kinder eine der wirksamsten Strategien, um mit Selbstvertrauen und einer Form wohltuender Verbindung zu wachsen. Mit der GFK zu lernen und zu leben ist jedoch nicht frei von Stolperfallen, und selbst erfahrenen GFKlern passiert es, dass sie in der Anwendung der GFK statt zu mehr Verbindung zu größerer Distanz beitragen. Wer z.B. einem unangenehmen Thema ausweichen möchte und Empathie als Vermeidungsstrategie nutzt, muss sich nicht wundern, wenn die Situation in Frustration endet. Und nicht immer gewährleistet Empathie allein die erhoffte Resonanz, etwa dann, wenn jemand im Austausch über ein Thema eine Stellungnahme oder eine Meinung hören möchte. Der Wunsch, über ein Thema in Kontakt zu kommen, bleibt dann auf der Strecke. Auch davon kann Lea berichten:

Empathie als Ausweichmanöver

Das Folgende zu beschreiben oder zu erklären ist gar nicht so einfach für mich. Es geht um ein Verhalten meiner Mutter, mit dem ich mich manchmal etwas schwergetan habe. Sie hat das bestimmt nicht vorsätzlich gemacht und wollte mir keineswegs damit schaden. Ich denke, ihr ist passiert, was mit Sicherheit vielen GFK-Eltern früher oder später einmal passiert.

Wenn ich mit meiner Mutter über schwierigere Themen reden wollte, reagierte sie mit Empathie. Ist doch logisch, denkt ihr vielleicht und habt noch nicht einmal unrecht damit. Klar, wenn die Tochter mit einem schwierigen Thema zu dir kommt, klingt es sinnvoll, empathisch zu reagieren. Damit bietest du ihr Raum für die eigenen Gefühle und Bedürfnisse. In vielen Situationen war (und bin) ich meiner Mutter auch dankbar dafür, dass sie empathisch reagierte und nicht direkt in eigene Gedanken, Urteile oder ähnliches rutschte. Trotzdem ging ich manchmal mit einem seltsamen Gefühl aus diesen Gesprächen. Ich war mit meinen Gedanken, Sorgen, Gefühlen und Bedürfnissen gehört worden, und doch fehlte mir etwas. In mir kam der Gedanke auf, sie hätte halt doch keine Offenheit für unangenehme Themen. Lange Zeit bekam ich selbst nicht wirklich zu fassen, was genau los war in solchen Situationen und was mich dabei bewegte. Das wurde mir erst vor kurzem richtig bewusst – und davon möchte ich euch gerne anhand eines Beispiels erzählen:

Ich gehe zu meiner Mutter. Sie sitzt im Wohnzimmer auf dem Sofa und strickt, als ich mich zu ihr setze. „Kann ich mal mit dir reden?" frage ich und sie blickt auf. „Klar", antwortet sie und strickt weiter. Ich hole tief Luft. Ich bin aufgeregt und es fällt mir nicht leicht zu sagen, was ich sagen möchte. „Weißt du, manchmal finde ich es gar nicht so leicht mit deinem Freund. Manchmal nervt er mich irgendwie ganz schön." Mein Herz pocht und ich schaue sie unsicher an. Sie guckt mich nicht an, ich kann nicht deuten, was sie gerade denkt. „Hm, ja, ich höre, dass du manchmal genervt bist von meinem Freund", sagt sie schließlich. „Hast du eine Idee, wieso?" „Ich weiß nicht", antworte ich. „Manchmal redet er so viel. Das nervt mich dann." Meine Mutter schlägt vor, dass es mir vielleicht um Ruhe geht oder um Entspannung. Ich stimme ihr zu. Ja, bestimmt geht es darum, denke ich. Macht Sinn. Er redet, ich bin genervt, weil mir Ruhe fehlt. Dann wechseln wir das Thema, unterhalten uns über etwas anderes. Bevor ich gehe, schaut meine Mutter nochmal auf: „Danke, dass du mir das erzählt hast", sagt sie und lächelt mich an. Ich gehe und fühle mich verwirrt. Auf der einen Seite hat das Gespräch mir gutgetan, es hat mein Bedürfnis nach Gesehenwerden und Angenommensein erfüllt. Auf der anderen Seite merke ich eine Irritation. Irgendwas wurde mir auch nicht erfüllt. Aber was?

Heute kann ich sagen, dass mir Verbindung und Kontakt gefehlt haben. Eigentlich hätte es mir gut getan, noch etwas von meiner Mutter zu hören. Wie geht es ihr mit meinem Thema? Was denkt sie darüber? Sie hat mich verstanden und konnte hören, was ich gesagt habe. Das ist viel wert. Doch mir fehlte der Austausch. Sie war empathisch mir gegenüber und redete deshalb nicht wirklich mit mir. Und: Sie musste nicht über sich reden. So entstand auf eine interessante Art und Weise eine Distanz zwischen uns, denn ich wusste nicht, wie sie sich damit fühlte. Inzwischen weiß ich genug über GFK und Kommunikation, um selbst eine Bitte stellen zu können. Damals war mir das nicht so klar und deshalb war es schwierig für mich, mein Bedürfnis nach Verbindung und Kontakt mitzuteilen. Es wäre sehr viel leichter für mich gewesen, wenn meine Mutter von sich aus über ihre Gedanken und Gefühle zu diesem Thema geredet hätte.

Heute denke ich manchmal darüber nach, was dieser fehlende Austausch und die nicht vorhandene Resonanz wohl mit mir gemacht haben. Ich kann es mir selbst noch nicht ganz erklären, aber es ist so ein Eindruck da, dass unangenehme Gefühle, die durch das Verhalten meiner Mutter ausgelöst werden oder mit ihm in irgendeinem Zusammenhang stehen, nicht wirklich sein dürfen. Jedenfalls nicht zu hundert Prozent. Warum nicht? Ich denke, mein System machte aus der fehlenden Reaktion meiner Mutter Folgendes: „Wenn sie so gar nicht über ihre Gefühle redet und sich so wenig mit mir austauscht, muss das, was ich sage, eigentlich ganz schlimm für sie sein." Mich verunsicherte jedenfalls die fehlende Resonanz und ich ging damit um, indem ich zu dem Schluss kam: Meine Gefühle sollten so nicht sein.

Was mir in diesem Zusammenhang ganz wichtig ist: Empathisches Reagieren ist trotzdem sehr oft etwas sehr Tolles. Und doch ist Empathie nicht in jedem Fall und nicht immer das Richtige. Manchmal führt sie nicht in die Verbindung, sondern aus der Verbindung heraus.

Typische Missverständnisse in der Anwendung der GFK

Wenn wir mit unserem Lernprozess noch ganz am Anfang stehen und die Schlüsselunterscheidungen (siehe Seite 54) noch nicht verinnerlicht haben, können unsere Versuche, die GFK anzuwenden, frustrierend ausfallen – für uns und unsere Mitmenschen.

Im Rahmen meiner Vorbereitung auf dieses Buch habe ich mit 16 Jugendlichen und jungen Erwachsenen gesprochen, deren Eltern die Gewaltfreie Kommunikation lernten, während meine Gesprächspartner*innen noch Kinder waren. Bis auf eine Ausnahme berichteten sie alle von einem sehr vertrauensvollen Verhältnis zu ihren Eltern: *„Ich habe ein großes Vertrauen zu meinen Eltern, denn ich lernte: Auch wenn ich mal wütend, anstrengend oder traurig war, waren sie trotzdem für mich da und akzeptierten mich so wie ich bin.“*

Ich habe nach Situationen gefragt, in denen die jungen Menschen GFK nicht als hilfreich erlebt haben. Es folgen nun einige Äußerungen zu m.E. ganz typischen Interaktionen, in denen sich zeigt, wie die Gewaltfreie Kommunikation nicht gemeint ist.

Verzweifelter Versuch einer Babygiraffe

„In der Pubertät habe ich viel mit meiner Mutter gestritten. Mit der GFK wurde es eigentlich sogar noch schlimmer: Wenn wir Streit hatten, wurde es immer sehr laut. Nach ihrem GFK-Seminar hat meine Mutter dann auch noch von mir eingefordert, dass ich meine Bedürfnisse doch endlich sagen soll: ‚Jetzt sag doch mal, was deine Bedürfnisse sind, sonst können wir nicht weiterreden.‘ So ungefähr. Und sie hat gesagt, dass ich sie ja nie mit ihren Bedürfnissen sehen würde. Das Problem war, dass mich das total überfordert hat. Ich wurde vorher nie nach meinen Bedürfnissen gefragt und konnte diese Frage gar nicht beantworten. Von GFK wollte ich dann nichts mehr wissen.“

Was könnte hier passiert sein? Es hat den Anschein, als sei die Mutter in großer Not und als brauche sie selbst dringend Einfühlung. Sie ist zu diesem Zeitpunkt gar nicht in der Lage, ihrer Tochter empathisch zuzuhören. Genauso wenig ist ihre Tochter dafür verantwortlich, ihrer Mutter Einfühlung zu geben. Mein Eindruck ist, dass diese Mutter gerne die GFK zur Anwendung bringen möchte, es jedoch mechanisch versucht, ohne in der Haltung zu sein. Die Folge ist, dass ihre Tochter noch mehr unter Druck gerät, Forderungen hört und weiter auf Abstand geht.

Meine Empfehlung, falls du Ähnliches erlebst: Erkundige dich in emotional aufgeladenen Situationen niemals mit einer offenen Frage nach Gefühlen oder Bedürfnissen! Beende lieber die Situation mit der Verabredung, zu einem späteren Zeitpunkt in Ruhe darüber zu sprechen. Wenn irgend möglich, suche dir Unterstützung bei einer anderen Person, die dir zuhört. Alternativ kannst du dir natürlich auch Zeit für dich nehmen und Selbstempathie üben.

Wenn es dir gelingt, dich selbst mit deinen Gefühlen und Bedürfnissen zu regulieren, kannst du anschließend deinem Kind fragend die Gefühle und Bedürfnisse zur Verfügung stellen, die du bei ihm vermutest. Bitte lies dazu noch einmal den Abschnitt „Der Schlüssel für die Verbindung zu unseren Kindern“ (Seite 84) in Kapitel 3.

Wenn Eltern keinen Zugang zu ihrer eigenen Wut haben

„Es hat total genervt, wenn ich wütend war und meine Mutter dann gefragt hat: ‚Bist du jetzt wütend?‘ Das hat mich noch wütender gemacht.“ (Das ist übrigens die Rückmeldung meines Sohns.)

Was könnte hier passiert sein? Als Mutter mit ruhiger und entspannter Stimme das wütende Kind zu fragen, ob es wütend ist, schafft für das Kind ein Gefälle. Es erlebt nicht, dass die Mutter auf Augenhöhe seine Energie auf- und es mit seiner Wut annimmt und respektiert. Der eher mechanische Empathieversuch kommt nicht an. Bei genauerem Hinschauen ist es oft so, dass wir die Wut nicht aushalten und sie mit vermeintlicher Empathie beschwichtigen wollen.

Meine Empfehlung, falls du Ähnliches erlebst: Kläre dich zunächst selbstempathisch: Was löst die Wut deines Kindes in dir aus? Bist du jetzt wirklich in der Lage, ihm empathisch zu begegnen?

Wenn ja: Nimm die Energie deines Kindes auf, erkenne seine Wut an und sprich mit Klarheit und Power direkt aus, was du hörst, womit dein Kind nicht einverstanden ist. Bei einem wütenden Gegenüber ist es elementar wichtig, sofort auf der Ebene der Bedürfnisse zu vermuten, was das Kind gerade am liebsten erleben möchte und braucht. Die Power muss sich nicht in gleicher Lautstärke äußern, sondern vielmehr in der Kraft deiner Stimme und deines Ausdrucks.

Auch kann es sein, dass die wütende Person gar keine Empathie will. Das beschreibt die folgende Äußerung:

„Oh echt, mein Vater hat mich dauernd mit seiner pseudosanften Stimme gefragt: ‚Und wie gehts dir jetzt damit?' Das hat total genervt, weil ich manchmal gar nicht erzählen **wollte**, *wie es mir geht. Ich wollte einfach nur wütend sein, meinen Frust loswerden, über die Lehrer schimpfen und meine Ruhe haben."*

Was könnte hier passiert sein? Der Vater ist mit seinem wütenden Kind konfrontiert, möchte es unterstützen und ihm Verständnis entgegenbringen. Im Gespräch sagt der Vater über diese und ähnliche Situationen: *„Letztlich hatte ich selbst keinen Zugang zu meiner eigenen Wut. Ich dachte lange, dass die GFK eine Möglichkeit ist, dass auch meine Kinder weniger wütend sind. Wut von außen hat mich immer total hilflos gemacht. Es hat einige Zeit gedauert, bis ich wirklich verstanden habe, dass GFK bei mir selbst anfängt und ich meine eigene Wut erst kennenlernen musste. Ich bin in einem Haushalt groß geworden, in dem nie jemand wütend war. Deshalb fiel es mir schwer, meinen Kindern ihre Wut zuzugestehen."*

In der Aussage der Tochter wird noch ein weiterer Aspekt deutlich: Das Kind möchte nicht nur mit seiner Wut angenommen sein, es will auch seine Ruhe haben und seinen Frust allein bewältigen. Aus meiner Sicht ist das Schönste, was der Vater hier tun kann, das zu respektieren und sich in dem Vertrauen zu üben, dass sein Kind das ohne ihn hinbekommt.

Meine Empfehlung, falls du Ähnliches erlebst: In der Pubertät geht es für unsere Kinder hauptsächlich um das Bedürfnis nach Autonomie. Auf verschiedene Weise bringen sie zum Ausdruck: „Ich bin anders als du, Papa (oder Mama), und ich tue Dinge anders als du!" Das braucht unsere Akzeptanz und unseren Respekt. Für uns besteht die Übung darin, die Aussage des Kindes nicht als gegen uns gerichtet zu interpretieren, sondern zu lernen, dass unser Kind sich in einem Ablösungsprozess befindet. So schmerzhaft das für beide Seiten auch ist: Es gehört dazu.

Dazu eine weitere Stimme, die das in ganz ähnlicher Form beschreibt:

„Wenn ich über etwas sehr wütend war, versuchten meine Eltern meistens, mit mir zu reden, was allerdings nicht funktionierte, da ich keine Diskussionen zuließ. Das hatte zur Folge, dass sie mich ignorieren mussten, bis ich mich abgeregt hatte."

GFK heißt nicht, dass Kinder alles entscheiden

Auf einer Familienfreizeit erlebte ich folgende Szene: Zu zweit begleiteten wir eine Gruppe von zehn Kindern im Alter von 0 bis 2 Jahren mit jeweils einem Elternteil. Wir beschlossen, in den Wald zu gehen. Mehrere Eltern gingen zu ihren Kindern und fragten: „Willst du denn jetzt auch mal deine Schuhe anziehen?" Etwa die Hälfte der Kinder verneinte und lief davon. Es brach ein mittelgradiges Chaos aus, weil die Kinder nicht mehr dazu zu bewegen waren, freiwillig ihre Schuhe anzuziehen. Schließlich ist nur ein Teil der Gruppe in den Wald gegangen.

Was könnte hier passiert sein? Gemeinsam mit den Eltern hatten wir bereits entschieden, jetzt in den Wald zu gehen, doch mit ihrer Frage eröffneten die Eltern ihren Kindern eine Wahlmöglichkeit. Die Kinder nahmen ihre Eltern ernst und trafen ihre Wahl. Das ist auch schon alles. Die Eltern aber hatten die Entscheidung, die sie bereits getroffen hatten, einfach nicht kommuniziert. Und jetzt hatten wir ein Problem.

Meine Empfehlung, falls du Ähnliches erlebst: Wenn du die Klarheit hast, dass jetzt etwas Konkretes passieren soll, dann kommuniziere es auch in dieser Klarheit: „Wir gehen jetzt in den Wald. Komm, wir ziehen unsere Schuhe an!" Unsere Kinder merken ganz genau, ob wir klar sind oder nicht. Stellen wir sie vor eine Wahl, wählen sie natürlich. Wenn wir dann anfangen, endlos zu diskutieren, warum es so schön ist, in den Wald zu gehen oder wir ihnen schließlich die Schuhe gewaltvoll anziehen, sorgt das für Verwirrung und verzweifelte, wütende Reaktionen.

Besonders im Umgang mit Kleinkindern gibt es viele Situationen, die erfordern, dass wir als Erwachsene Entscheidungen treffen und diese in liebevoller Klarheit kommunizieren. Manchmal sind das Entscheidungen, die unseren Kindern nicht gefallen. Weil wir „das Geschrei" fürchten, verpacken wir eine anstehende Handlung als Frage, ohne uns bewusst zu sein, dass wir damit automatisch dem Kind die Entscheidung überlassen.

Auch passiert es, dass wir schnell den Forderungen des Kindes nachgeben, weil wir seine Wut fürchten, oder wir tun es aus Angst, seine Liebe zu verlieren. Doch niemandem ist damit gedient, wenn wir uns unserem Kind zuliebe verbiegen, bis wir selbst nicht mehr können, und dann so tun, als hätten wir noch (den inzwischen längst verlorenen) Spaß.

Insbesondere Kleinkinder dürfen und müssen nicht alles entscheiden. Sie wären damit völlig überfordert und die Eltern auch. Kinder brauchen von uns Orientierung, Halt und den Schutz vor ihrer eigenen Selbstüberschätzung – in Form von klar kommunizierten Grenzen. Ich habe manchmal den Eindruck, dass es ein Tabu ist, im Sinne der Anwendung beschützender Macht Entscheidungen zu treffen oder unsere Grenze aufzuzeigen. Sobald das Kind protestiert, werden wir unsicher und verlieren unsere eigenen Bedürfnisse oder das Wohl der anderen aus dem Blick.

Es liegt in unserer Verantwortung, unsere Grenzen zu kennen, sie wichtig zu nehmen und liebevoll und authentisch auszudrücken. Soziales Miteinander kann nur im Erkennen und Wahren der persönlichen Grenzen gelingen. Gleichzeitig ist es unsere Aufgabe, den Protest unseres Kindes, in dem sich sein Schmerz ausdrückt, empathisch zu halten und zu trösten. Wir können die Bedürfnisse unseres Kindes im Blick haben und benennen und das ist nicht gleichbedeutend damit, ihm jeden Wunsch zu erfüllen.

Kinder, die auf diese Weise aufwachsen, werden in ihrem späteren Leben leichter ihre eigenen Grenzen und die der anderen wahrnehmen und respektieren, weil sie es selbst so erfahren haben.

„Giraffe" und „Wolf" gleichgesetzt mit „richtig" und „falsch"

Gerade am Anfang des Lernprozesses mit der GFK werden die beiden Symbole „Giraffe" und „Wolf" häufig mit den Labeln „richtig" und „falsch" versehen und in diesem Sinne benutzt. Aussagen wie „Das war aber jetzt voll der Wolf", genutzt im Sinne von „Das will ich nicht hören. Drück dich doch mal gewaltfrei aus!" sind symptomatisch dafür. Wir machen mit solchen Aussagen weiter wie bisher, nur benutzen wir jetzt andere Worte für unser Urteil „falsch". In seinen Workshops sagte Marshall Rosenberg: „Machen wir uns klar: Wer in anderen einen Wolf sieht, ist selbst einer!"

Erinnern wir uns an eine der Grundannahmen der GFK: *Jede Form von Kritik, Vorwürfen oder Urteilen ist ein Ausdruck unerfüllter Bedürfnisse.* Wenn unser Kind sich in Wolfssprache ausdrückt, will es uns eigentlich seine Bedürfnisse mitteilen, aber es steht ihm gerade keine andere Ausdrucksweise zur Verfügung. Mit ein wenig Erfahrung in der GFK können wir, anstatt die Ausdrucksweise zu kritisieren, zur Verbindung beitragen, indem wir Wolfssprache in Bedürfnisse übersetzen. Die folgende Aussage eines Jugendlichen drückt dieses Phänomen aus:

„Meine Mutter hat nach ihrem ersten GFK-Seminar oft gesagt: ‚Das war aber jetzt nicht gewaltfrei, was du da gesagt hast!' Ich konnte das Wort ‚gewaltfrei' schon nicht mehr hören und habe das als total gewaltvoll erlebt."

Was könnte hier passiert sein? Mit dieser Aussage fällt die Mutter ein Urteil über ihr Kind, anstatt ihre Bedürfnisse und eine Bitte auszudrücken. Vermutlich sehnt sie sich nach einer schöneren Qualität der Verbindung, sie ist jedoch so in ihren Mustern gefangen, dass sie tragischerweise nach dem „Macht-über“-Prinzip handelt.

Die Gewaltfreie Kommunikation fängt bei uns selbst an. Der Anspruch, dass unsere Kinder gewaltfrei sein sollen, taugt nicht.

Meine Empfehlung, falls du Ähnliches erlebst: Gewaltfreie Kommunikation zu lernen ist wie das Lernen einer fremden Sprache. Am besten lernen wir sie, indem wir in das Land reisen, in dem sie gesprochen wird. Wenn wir die GFK lernen und leben wollen, kommen wir nicht darum herum, entsprechende Seminare oder Familienfreizeiten zu besuchen oder/und uns in Übungsgruppen zusammenzufinden. Es braucht die persönliche Erfahrung, wie wohltuend es ist, empathisch gehört zu werden, sich selbst ehrlich auszudrücken und auf Augenhöhe bedürfnisorientiert zu kommunizieren. Durch diese Erfahrung wächst Vertrauen und es wird selbstverständlicher, auf diese Weise zu kommunizieren.

Das heißt nicht, dass du in deinem Alltag nicht einzelne Schritte ausprobieren und üben könntest. Als Reflexionshilfe könntest du z.B. regelmäßig einen Selbstempathie-Bogen ausfüllen (siehe Anhang, Seite 169) und auf diese Weise deinen Blick auf konkrete Situationen erweitern. In passenden Situationen mit deinem Kind könntest du ausprobieren, zuerst wiederzugeben, was du von deinem Kind gehört hast, bevor du von dir sprichst und sagst, was du von deinem Kind willst. Vielleicht gelingt es dir sogar, Worte dafür zu finden, wie sich dein Kind möglicherweise gerade fühlt, oder wonach es sich in diesem Moment sehnt.

In jedem Fall ist es unterstützend und bereichernd, wenn du Orte und Menschen hast, wo du deine Erfahrungen austauschen kannst und neue Impulse bekommst.

10. Wo die Gewaltfreie Kommunikation gelehrt und gelebt wird

Lea: Wenn du jetzt neugierig geworden bist und die Gewaltfreie Kommunikation in dein Leben und in die Beziehung zu deinen Kindern einfließen lassen möchtest, gibt es mehrere Möglichkeiten, dies zu tun. Als meine Neugierde geweckt war, habe ich selbst damals einen GFK-Jahreskurs besucht. Das fand ich sehr hilfreich, um viele Dinge tiefer zu verstehen. Es folgten dann noch viele weitere Seminare.

Im Kontakt mit deinem Kind / deinen Kindern möchte ich dir die Familienfreizeiten mit Schwerpunkt GFK empfehlen. Als Kind habe ich sie als so bereichernde und erinnernswerte Wochen erlebt! Später konnte ich erleben, wie sehr nicht nur die Kinder, sondern die Familien als Ganzes aufgeblüht sind. Die Zusammensetzung der Teams aus erfahrenen Trainer*innen, jungen Erwachsenen und teilweise auch Kindern schafft eine besondere Atmosphäre, von der ich mir wünsche, dass jede Familie sie erleben kann. Eine tolle Gelegenheit, um als Familie GFK zu üben und zu leben!

Bärbel: Deutschland ist weltweit das Land mit der höchsten Dichte an GFK-Trainer*innen, sodass du mit großer Wahrscheinlichkeit Trainer*innen in deiner näheren Umgebung findest, die Seminare oder Übungsgruppen anbieten. Such einfach im Internet unter „Gewaltfreie Kommunikation" + deine nächstgrößere Stadt, oder schau auf folgenden Webseiten nach Angeboten:

↗ www.gewaltfrei.de
Auf dieser Seite findest du eine Liste mit GFK-Trainer*innen im gesamten deutschsprachigen Raum sowie Bücher, DVDs, Spiele und weitere Materialien zur Gewaltfreien Kommunikation.

↗ www.gfk-info.de
Seite des D.A.CH e.V. für GFK-Trainer*innen der deutschsprachigen Länder Deutschland, Österreich und Schweiz.
Hier findest du Informationen zu Trainer*innen, ihren Angeboten und zu themenspezifischen GFK-Netzwerken.

↗ www.fachverband-gfk.org
Auch hier findest du Informationen zu GFK-Trainer*innen und -Projekten. Außerdem gibt es einen Blog zu GFK-Themen.

↗ www.empathikon.de/c/empathische-zeit
Hier findest du Materialien rund um die Gewaltfreie Kommunikation, außerdem die Zeitschrift *Empathische Zeit*.

↗ www.mut-fabrik.de
Online-Kurse, Hörbücher und weitere Materialien

↗ www.yvonnegeorge.de
Spezielles Online-Angebot für Gewaltfreie Kommunikation mit Kindern.

↗ www.kw-herzenssache.de/podcast
Viele Eltern finden auch Kathy Webers Podcast *FamilieVerstehen. Das ABC der Gewaltfreien Kommunikation* sehr hilfreich.

Wenn du neugierig auf eine Familienfreizeit auf Basis der GFK geworden bist, findest du nahezu alle Angebote dazu auf der Homepage von Udo Brunner:
↗ www.udobrunner.de/familienfreizeiten

In dem Wissen, dass es noch erheblich mehr Angebote für das Lernen und Erleben der Gewaltfreien Kommunikation gibt, möchten wir dich ermuntern, dich auf die Suche nach den GFK-Orten zu machen, an denen du dich wohl fühlst und die dich in deinem Lernprozess unterstützen. Wir wünschen dir ein stetig wachsendes Netzwerk, das für dich zu dem Dorf wird, in dem du ein einfühlsames Miteinander, Unterstützung, Austausch und Inspiration erfährst.

Wir alle brauchen ein Dorf, damit wir für uns selbst und unsere Kinder liebevoll und einfühlsam unser Leben gestalten können.

Danksagung

Lea

Ich möchte mich bei meinen Eltern bedanken. Dafür, dass sie sich damals für Beziehung statt Erziehung entschieden haben und damit das Leben mitgestaltet haben, das ich heute führe. Beim Schreiben dieses Buchs habe ich viel Wertschätzung für meine Kindheit empfunden und für den Anteil, den meine Eltern daran hatten. Ich danke euch dafür!

Meinem Mann Robin möchte ich danken, der mich auf dem ganzen Weg begleitet hat und noch dazu den Anstoß für dieses Buch gegeben hat. Er hat mich immer wieder ermutigt und mich unterstützt, wo ich es brauchte.

Auch Bärbel möchte ich danken, dafür, dass sie sich damals auf meine Idee eingelassen hat und mit mir gemeinsam auf diese aufregende Reise des Schreibens gegangen ist. Allein hätte mir diese Zeit nur halb so viel Spaß gemacht! Ich habe unseren regelmäßigen Austausch sehr geschätzt, er hat mich bereichert und mich weitergebracht.

Bärbel

Als Erstes gilt mein Dank Leas Eltern, Marianne und Markus. An den Abenden ihres Geburtsvorbereitungskurses im Jahr 1998 halfen sie mir regelmäßig beim Tassenspülen und erzählten so begeistert von der Gewaltfreien Kommunikation, dass ich schließlich neugierig und mutig genug wurde, sie selbst zu lernen.

Lea möchte ich von Herzen danken für den Impuls und die Einladung, zusammen ein Buch zu schreiben. Nie im Leben wäre ich von mir aus auf eine solche Idee gekommen. Und dann hat es auch noch total viel Spaß gemacht.

Ich danke Eva, Barbara, Sibylle, Christa, Karla, Tanja und Jochen aus unserem Trainer*innen-Experimentierkurs. Sie haben mich bei meinen zeitweiligen Schreibblockaden liebevoll gehalten und unterstützt. Jochen fand den entscheidenden Satz für mich: „Bärbel, als Kind warst du selektiv mutistisch. Aus Angst, dich zu zeigen, hast du nicht gesprochen. Und jetzt schreibst du ein Buch, das die ganze Welt lesen kann. Da müssen doch alle inneren Aufpasser rebellieren!“

Unserer regionalen Trainer*innengruppe mit Marianne, Gerhard, Monika und Klaus bin ich dankbar für so viele Jahre gemeinsamer Entwicklung und Begleitung mit der GFK.

Caro danke ich für ihre kritischen Anmerkungen zu diesem Buch. Sie waren super hilfreich.

Von Herzen danke ich meinen Kindern Jascha und Mira: Durch euch habe ich erfahren, was es bedeutet, wenn sich plötzlich tiefste Liebe im Herzen breit macht. Allen Kindern, insbesondere meinem zweijährigen Hausmitbewohner und meiner dreijährigen Patenenkelin, danke ich für die stete Erinnerung, wie leicht es ist, ganz im Augenblick zu sein.

Meinem Mann Ingmar danke ich für das so häufige Kochen, Abwaschen und mich meinem Schreibtisch überlassen. Obwohl er keine Bücher mag (sagt er selbst!), hielt er mir geduldig und liebevoll den Rücken frei und glaubte immer daran, dass ich das kann.

Und auch meinen Eltern möchte ich von Herzen meinen Dank aussprechen. Sie haben mir dieses Leben geschenkt und waren mit ihrer Art, ihre Liebe zu zeigen, die Eltern, die sie sein konnten.

Zum Schluss danken wir dem Junfermann Verlag und insbesondere Frau Carstensen, unserer Lektorin: Dass Leas Idee für dieses Buch bei Ihnen auf offene Ohren gestoßen ist, hat uns ermutigt. Ganz herzlichen Dank dafür, dass Sie für uns immer ansprechbar waren und uns mit Geduld und Vertrauen unterstützend zur Seite standen.

Anhang

Gefühls- und Bedürfnislisten

Gefühle, die wir empfinden, wenn unsere Bedürfnisse nicht erfüllt sind:
Grundsätzlich lassen sich all unsere Gefühle, die auf unerfüllten Bedürfnissen basieren, auf vier „Gefühlsqualitäten“ reduzieren: **Wut, Trauer, Angst und Scham.** Folgendes Vokabular dient dazu, die „innere Gefühlslandschaft“ noch feiner und genauer zu beschreiben:

allein	deprimiert	konfus	träge
angespannt	durcheinander	krank	**traurig**
angewidert	eifersüchtig	kribbelig	trübsinnig
ängstlich	einsam	lethargisch	überfordert
angstvoll	elend	lustlos	überlastet
ärgerlich	empört	matt	überrascht
argwöhnisch	entmutigt	misstrauisch	überwältigt
aufgebracht	entrüstet	mutlos	ungeduldig
aufgewühlt	entsetzt	müde	unglücklich
aufgeregt	(enttäuscht)	nervös	unruhig
aufgerüttelt	erschöpft	niedergeschlagen	unter Druck
bedrückt	erschrocken	perplex	unzufrieden
befangen	erschüttert	sauer	verlegen
beklommen	frustriert	scheu	verwirrt
belastet	gehemmt	schlapp	verzweifelt
beschämt	geladen	schockiert	**wütend**
besorgt	gelangweilt	skeptisch	zittrig
betroffen	gereizt	sorgenvoll	zornig
betrübt	hilflos		
	irritiert		

Gefühle, die wir empfinden, wenn unsere Bedürfnisse erfüllt sind:

angenehm	erfüllt	interessiert	sorglos
angeregt	erleichtert	klar	stolz
angespornt	erlöst	kraftvoll	strahlend
aufgedreht	ermutigt	lebendig	tatkräftig
aufgeregt	erstaunt	leicht	überrascht
ausgeglichen	erwartungsvoll	locker	unbeschwert
ausgelassen	fantastisch	lustig	unbekümmert
beflügelt	fasziniert	motiviert	unternehmungslustig
befreit	frei	munter	verblüfft
begeistert	friedvoll	mutig	vergnügt
behaglich	**freudig**	neugierig	verliebt
belebt	froh	offen	verzaubert
belustigt	fröhlich	optimistisch	wach
beruhigt	geborgen	ruhig	wachsam
berührt	gelassen	sanft	wohl
beschwingt	gerührt	satt	wonnig
dankbar	gespannt	schwungvoll	zufrieden
empfindsam	glücklich	selbstsicher	zuversichtlich
entlastet	heiter	selig	
entschlossen	hingerissen	sicher	
entspannt	hoffnungsvoll		
entzückt	inspiriert		

Bedürfnisse im Sinne der Gewaltfreien Kommunikation

Soziale Bedürfnisse: Zugehörigkeit/ Kontakt	**Ich-Bedürfnisse/ Autonomie:**	**Körperliches Wohlbefinden:**
Angenommensein Anerkennung Achtung Aufrichtigkeit beitragen, sich beteiligen Beständigkeit Bildung Einfühlung, Mitgefühl Gesehenwerden Gleichwertigkeit Wärme, Liebe Nähe, Zärtlichkeit Geborgenheit Kommunikation Selbstwirksamkeit Sicherheit Unterstützung Verbindung Verlässlichkeit Verständnis, Verstehen Vertrauen Wertschätzung Würdigung	Wahlmöglichkeit Eigenverantwortlichkeit Selbständigkeit Freiheit Aufrichtigkeit Unabhängigkeit Raum, Platz Echtheit, Authentizität Lebendigkeit Selbstachtung Selbstbehauptung Selbstvertrauen Selbstwirksamkeit Sicherheit Entwicklung, Wachstum Bildung Integrität, Stimmigkeit Stabilität Wahlfreiheit in Bezug auf die eigenen Träume, Ziele und Werte und die eigenen Pläne zu deren Erfüllung	Obdach, Schutz Luft, Wasser, Nahrung, Licht, Wärme Schlaf, Ruhe sensorische Anregung Berührung Bewegung Sexualität

<table>
<tr><th>Geistige, spirituelle Verbundenheit:</th><th>Sinn:</th><th>Erholung:</th></tr>
<tr><td rowspan="3">Friede
Inspiration
Harmonie
Ordnung
Gemeinschaft

Das Leben und die erfüllten Träume feiern

Trauern über den Verlust geliebter Menschen, Träume, Vorstellungen ...</td><td>Bedeutsamkeit
Herausforderung
Hoffnung
Begeisterung
Klarheit
Stimmigkeit
Ordnung</td><td rowspan="3">Frieden
Ruhe
Entspannung
Schönheit
Leichtigkeit</td></tr>
<tr><th>Kreativität und Spiel:</th></tr>
<tr><td>Spaß
Entwicklung
Lernen
Entdecken
Inspiration
Ungezwungenheit</td></tr>
</table>

Mit welchen Worten Kinder ihre Bedürfnisse vielleicht verstehen würden:

Freiheit Autonomie Selbstbestimmung	Möchtest du selbst entscheiden, was für dich gut ist? Möchtest du selbst bestimmen? Möchtest du selbst aussuchen, was du magst?
Authentizität Ehrlichkeit Aufrichtigkeit	Möchtest du sagen, wie du das wirklich findest? Möchtest du tun, wonach dir ist und so sein, wie du bist? Möchtest du zeigen, wie glücklich/ traurig/ wütend/ … du gerade bist? Möchtest du dich darauf verlassen können, dass das, was jemand sagt, auch stimmt?
Kreativität	Möchtest du etwas machen, das zu dir passt? Willst du bestimmen, wie das geht?
Gemeinschaft Kooperation Einbezogensein	Möchtest du, dass wir alle gemeinsam etwas tun? Möchtest du, dass alle dabei sind? Möchtest du, dass alle mitmachen? Hättest du gerne einen Freund, der mit dir spielt? Möchtest du dabei sein bei dem, was hier passiert?
Sicherheit	Möchtest du sicher sein, dass es dir hier gut geht? Möchtest du sicher sein, dass dir nichts passiert?
Erholung Frieden	Möchtest du gerne gerade allein sein? Hättest du gerne gerade deine Ruhe? Möchtest du gerade still sein? Möchtest du, dass es hier gerade stiller ist?
Gleichwertigkeit Fairness	Möchtest du, dass für alle dasselbe gilt? Möchtest du, dass es hier gerecht zugeht?
Identität	Möchtest du selbst herausfinden, was du willst? Möchtest du verschiedene Sachen ausprobieren und wieder damit aufhören, wenn du keine Lust mehr dazu hast?

Mitgefühl Zuneigung	Möchtest du, dass andere bemerken, was mit dir los ist? Möchtest du, dass andere sehen, wie schwer das für dich ist? Möchtest du erleben, dass dich jemand mag?
Wertschätzung	Möchtest du, dass andere bemerken, wie wichtig das ist, was du tust? Möchtest du hören, wie wichtig du für andere bist?
Beitragen Sinn	Möchtest du gerne helfen? Möchtest du gerne mitmachen? Möchtest du gerne tun, was dir wirklich wichtig ist?
Unterstützung	Möchtest du es nicht allein machen müssen? Wünschst du dir, dass dir jemand hilft?
Verbindung Zugehörigkeit	Möchtest du erleben, dass du auch dazu gehörst? Möchtest du auch dabei sein?

Selbstempathie üben

Die nächsten Seiten dienen dazu, für dich allein oder für euch als Eltern Situationen mithilfe der Gewaltfreien Kommunikation zu reflektieren. Die Fragen unterstützen dich in deiner Empathie für dich selbst und helfen dir, die Perspektive deines Kindes einzunehmen und Mitgefühl zu entwickeln. Dadurch vergrößert sich dein Handlungsspielraum für kommende Situationen.

Nimm dir einen Moment Zeit, nimm die Listen mit Gefühlen und Bedürfnissen zu Hilfe und gehe nun Schritt für Schritt die folgenden Fragen durch:

Selbstempathie:

1. **Meine Beobachtung** (den Auslöser identifizieren): Was genau hat meinen Stress/mein Unbehagen ausgelöst? Was habe ich (nicht) getan – was hat mein Kind (nicht) getan? Wie kann eine kurze, wertfreie Beschreibung dessen lauten, was ich wahrgenommen habe?

   ____

   ____

   ____

   ____

   ____

2. **Meine Gefühle:** Wie fühle ich mich mit dieser Situation jetzt?

   ____

   ____

   ____

3. **Meine Bedürfnisse:** Was brauche ich in dieser Situation? Was ist mein Anliegen, meine Absicht, meine Sehnsucht …? Wo will ich hin? (Denk dran: Ein Bedürfnis ist nicht an eine konkrete Person gebunden, sondern es ist universell und in der Regel ein Substantiv. Nimm die Bedürfnisliste zu Hilfe, dann wird es einfacher.)

Empathie für mein Kind:

1. Die **Beobachtung** aus Sicht des Kindes:
   Wie könnte sich die Situation aus Sicht meines Kindes darstellen?

2. Welche **Gefühle** vermute ich, die mein Kind haben könnte?

3. Welche **Bedürfnisse** vermute ich, die in der Situation zu dem Verhalten meines Kindes geführt haben könnten? Was hat sich mein Kind mit seiner Handlung erfüllt?

Welche **Bedürfnisse** vermute ich, die mein Kind **jetzt** haben könnte?

Und weiter Selbstempathie:

Wenn ich jetzt auf all das schaue:

4. **Die Ebene der Bitte:** Welche Handlung verhilft mir dazu, meine Bedürfnisse, mein Anliegen zu erfüllen? Wie kann eine Bitte lauten, die zur Erfüllung meiner Bedürfnisse dient?

4.1 Was ist **die Bitte an mich selbst**? = Welche Entscheidung treffe ich, wie ich mit der Situation umgehen will? Was ist mein nächster Schritt?

____

____

____

____

____

Selbstausdruck:

4.2 **Welche Bitte habe ich an mein Kind?** Wie kann ich sie konkret und klar ausdrücken?

____

____

____

____

____

4.3 Du kannst nach weiteren Strategien/ Möglichkeiten oder Wegen suchen, die zur Erfüllung deiner Bedürfnisse beitragen:
Gibt es eventuell noch Bitten an weitere Personen, um z.B. Unterstützung, Klarheit, Verbindung zu bekommen? Notiere auch, wen du noch einbeziehen und um was du diese Person/en konkret bitten möchtest.

Literatur & Quellen

Quellenverzeichnis

Berg, L. (2011): *Entwicklungspsychologie.* Hallbergmos: Pearson.

Kohn, Alfie (2018): *Liebe und Eigenständigkeit. Die Kunst bedingungsloser Elternschaft jenseits von Belohnung und Bestrafung.* Freiburg: Arbor.

Rosenberg, Marshall B. (2002): *Gewaltfreie Kommunikation, Aufrichtig und einfühlsam miteinander sprechen. Neue Wege in der Mediation und im Umgang mit Konflikten.* Paderborn: Junfermann.

Rosenberg, Marshall B. (2005a): *Kinder einfühlend ins Leben begleiten. Elternschaft im Licht der Gewaltfreien Kommunikation.* Paderborn: Junfermann.

Rosenberg, Marshall B. (2005b): *Kinder einfühlend unterrichten. Wie SchülerInnen und LehrerInnen durch gegenseitiges Verständnis Erfolg haben können.* Paderborn: Junfermann.

Schneider, Helia (2020): *Warum der Time-out eine bedenkliche Methode ist.* ↗ www.erzieherin.de/warum-der-time-out-eine-bedenkliche-methode-ist.html (abgerufen am 08.08.2023).

Sikor, Marianne (2014): Kinder mit Wurzeln und Flügeln. In: Holler, Ingrid (Hrsg.): *Und plötzlich öffnet sich eine Tür. GFK-Erfolgsgeschichten. Marshall Rosenberg zum 80. Geburtstag.* Paderborn: Junfermann, S. 47–51.

Weil, Thomas & Erfurt-Weil, Martina (2010): *Selbstwirksamkeit und Performance. ROMPC®-Kompendium, Theorie- und Trainingsbuch.* Kassel: MEW Medienedition Weil e.K.

Winner, Anna & Erndt-Doll, Elisabeth (2009): *Anfang gut? Alles besser! Ein Modell für die Eingewöhnung in Kinderkrippen und anderen Tageseinrichtungen für Kinder.* Weimer, Berlin: Verlag Das Netz.

Haug-Schnabel, Gabriele & Benser, Joachim (2017): *Grundlagen der Entwicklungspsychologie. Die ersten 10 Lebensjahre.* Freiburg: Herder

Literaturempfehlungen

Aldort, Naomi (2009): *Von der Erziehung zur Einfühlung. Wie Eltern und Kinder gemeinsam wachsen können.* Freiburg: Abor.

Brodersen, Hanna (2018): *Dich durch mein Herz sehen. Gewaltfreie Kommunikation für Eltern.* Leipzig: tologo-Verlag

Dittmar, Vivian (2014): *Gefühle und Emotionen. Eine Gebrauchsanweisung.* München: Edition Est.

Gaschler, Frank & Gaschler, Gundi (2020): *Ich will verstehen, was du wirklich brauchst. Gewaltfreie Kommunikation mit Kindern. Das Projekt Giraffentraum.* München: Kösel.

Leitner, Barbara (2020): *Gewaltfreie Kommunikation in der KiTa. Wertschätzende Beziehung gestalten – zu Eltern, Kindern, im Team und zu sich selbst.* Paderborn: Junfermann.

Rosenberg, Marshall B. (2011): *Erziehung, die das Leben bereichert. Gewaltfreie Kommunikation im Schulalltag.* Paderborn: Junfermann

Rosenberg, Marshall B. (2016): *Gewaltfreie Kommunikation. Eine Sprache des Lebens.* Paderborn: Junfermann, 12., überarb. Auflage.

Rosenberg, Marshall B. (2004): *Konflikte lösen durch Gewaltfreie Kommunikation. Ein Gespräch mit Gabriele Seils.* Freiburg: Herder

Wedewardt, Lea & Hohmann, Kathrin (2021): *Kinder achtsam und bedürfnisorientiert begleiten in Krippe, Kita und Kindertagespflege.* Freiburg: Herder.

Gonzales, Robert (2016): *Ein Leben in Mitgefühl. Inspirationen für eine tiefe innere Verbundenheit und Erfüllung.* Freiburg: Abor

Larsson, Liv (2012): *Wut, Schuld und Scham. Drei Seiten der gleichen Medaille.* Paderborn: Junferman

Juul, Jesper (2013): *Dein kompetentes Kind. Auf dem Weg zu einer neuen Wertgrundlage für die ganze Familie.* Reinbek: Rowohlt

Bauer, Joachim (2006): *Warum ich fühle, was du fühlst. Intuitive Kommunikation und das Geheimnis der Spiegelneuronen.* Hamburg: Hoffmann und Campe

Hüther, Gerald (2012): *Biologie der Angst. Wie aus Stress Gefühle werden.* Vandenhoek und Ruprecht

Van der Kolk, Bessel (2023): *Verkörperter Schrecken. Traumaspuren in Gehirn, Geist und Körper und wie man sie heilen kann.* Lichtenau: G.P. Probst-Verlag

Kinderbücher

Grubhofer, Hanna & Eder, Sigrun (2019): *Was brauchst du? Mit der Giraffensprache und Gewaltfreier Kommunikation Konflikte kindgerecht lösen.* Illustiert von Barbara Weingartshofer. Salzburg: Edition Riedenburg

Larsson, Liv & Neo Rung (2021): *Die Geschichte von einem Drachen, der sein Feuer verlor.* Aus dem Schwedischen von Karolin Behlert. Svensbyn: Friare Liv A.B.

Rodewald, Ina (2016): *Mut ist keine Zauberei.* Rothenberg: Ina Rodewald, EmpathieTraining.

Zimmermann, Gitta & Singh, Vivek (2020): *Die Abenteuer von Lups und Spotty.* Stuttgart: Schneider Editionen

In den Jahren 2006–2008 sind bei Junfermann einige Kinderbücher von Vilma Costetti erschienen, mit Zeichnungen von Monica Rinaldini:

- Sophie und das Gewitter
- Sophie und das rote Kleid
- Oskar hüpft auf dem Sofa
- Sophies Kuscheltag

Leider sind die deutschprachigen Ausgaben nur noch antiquarisch erhältlich. Man kann aber in Italien beim Centro Esserci englischsprachige Ausgaben dieser Bücher kaufen.

↗ www.centroesserci.it/categoria-prodotto/libri/libri-in-inglese